山岭隧道排水系统结晶堵塞成因分析与防治措施

宋桂锋　叶　飞　田崇明　著

人民交通出版社股份有限公司

北　京

内 容 提 要

本书共分为5章,分别为绪论、国内外隧道排水系统结晶堵塞典型案例分析、隧道排水系统结晶堵塞机理及影响因素、室内模型试验探索、隧道结晶堵塞处治及预防建议。

本书可供隧道设计、施工、科研人员参考。

图书在版编目(CIP)数据

山岭隧道排水系统结晶堵塞成因分析与防治措施 / 宋桂锋,叶飞,田崇明著. — 北京 : 人民交通出版社股份有限公司, 2022.7(2024.10重印)

ISBN 978-7-114-17794-1

Ⅰ.①山… Ⅱ.①宋…②叶…③田… Ⅲ.①山岭隧道—排水系统—管道事故—事故处理 Ⅳ.①U459.4

中国版本图书馆CIP数据核字(2022)第083252号

Shanling Suidao Paishui Xitong Jiejing Duse Chengyin Fenxi yu Fangzhi Cuoshi

书　　名:山岭隧道排水系统结晶堵塞成因分析与防治措施

著 作 者:宋桂锋　叶　飞　田崇明

责任编辑:李　瑞

责任校对:席少楠　卢　弦

责任印制:刘高彤

出版发行:人民交通出版社股份有限公司

地　　址:(100011)北京市朝阳区安定门外外馆斜街3号

网　　址:http://www.ccpcl.com.cn

销售电话:(010)85285911

总 经 销:人民交通出版社股份有限公司发行部

经　　销:各地新华书店

印　　刷:北京建宏印刷有限公司

开　　本:720×960　1/16

印　　张:10.25

字　　数:174千

版　　次:2022年7月　第1版

印　　次:2024年10月　第4次印刷

书　　号:ISBN 978-7-114-17794-1

定　　价:60.00元

(有印刷、装订质量问题的图书由本公司负责调换)

前　　言

近年来,我国基础设施建设快速发展。在公路建设中,隧道扮演起越来越重要的角色,大量山岭隧道面临着穿越侵蚀性地下水环境的难题。地下水中的侵蚀性离子易对喷射混凝土造成侵蚀性破坏,进而在隧道排水管上形成结晶物,导致排水系统出现排水不畅甚至堵塞的情况。一旦排水系统发生堵塞,隧道局部衬砌水压就会增大,造成衬砌胀裂等一系列严重后果,需要投入大量的人力、物力对排水系统进行疏通、修复,这就增加了隧道运营及管理成本,且使交通运输安全性大大降低。

山岭隧道排水系统结晶堵塞是指混凝土内部易溶固相含钙水化物(如氢氧化钙、水化硅酸钙等)在地下水的作用下逐渐溶解,发生一系列物理化学反应,最终形成结晶物,并随地下水的流动从混凝土内部析出,具体表现为排水管中出现大量白色结晶堵塞物。混凝土内部钙离子流失的主要原因是:混凝土内部孔隙溶液与地下水之间存在离子浓度差,从而导致混凝土内部的固相含钙水化物即氢氧化钙和水化硅酸钙中钙离子溶解流失,钙离子流失也被称为“钙溶蚀”。在离子浓度差的持续作用下,混凝土中固相含钙水化物不断地被溶解,导致混凝土中钙离子逐渐流失,最终混凝土的微观结构被破坏。这种因钙离子流失而引起的混凝土结构性破坏是由水泥的本质所决定的,长期在该环境下服役的混凝土的物理力学性能将会遭受永久性损伤。

早在20世纪初期,科研人员就特别指出了钙溶蚀的危害性——易造成混凝土结构性能的劣化和破坏。钙溶蚀问题常见于水利工程的混凝土构筑物。然而,近几年来,在富水地区修建的山岭隧道工程中也普遍存在这一问题。钙溶蚀带来的主要危害有:混凝土孔隙率增大,材料性能下降,混凝土遭受永久性结构损伤;隧道排水系统功效降低;隧道局部衬砌水压力增大,继而引发衬砌胀裂等。针对山岭隧道排水系统结晶堵塞问题,现有的治理措施主要是集中清理排水管堵塞体等。该措施耗时长且治标不治本,未从根本上解决结晶堵塞问题。可以预见,随着越来越多的山岭隧道投入运营,排水管结晶堵塞带来的问题将会越来越明显，影响范围将越来越广，处治难度也会越来越大。就目前形势来看，对山岭隧道排水管结晶堵塞进行系统、深入的研究，已不是未雨绸缪，而是“亡羊补牢”。因此，对山岭隧道排水系统结晶堵塞机理及防治措施开展系统性的研究非常必要。

鉴于此，本书结合文献调研、实地调研、室内模型试验、相关理论分析等方法，对山岭隧道排水系统结晶堵塞问题的主要原因做进一步探究和分析，并对目前国内外隧道排水系统结晶堵塞的防治措施进行归纳、总结，以期为相关领域的研究人员提供一定的借鉴与参考。

本书第一章由叶飞撰写，第二章由宋桂锋撰写，第三章由田崇明撰写，第四章第一、二、三、四节分别由李永健、何彪、赵猛、韩兴博撰写，第五章由同月苹、王坚撰写。全书由宋桂锋、叶飞、田崇明修改、整理定稿。

本书撰写过程中，借鉴并参考了部分相关文献。在此，谨向各位原著作者致以衷心的感谢！

由于著者水平有限，本书难免有不妥之处，诚请读者批评指正。

著　者

2022 年 6 月

符 号 说 明

$2CaO \cdot SiO_2$:硅酸二钙,简写为 C_2S

$3CaO \cdot SiO_2$:硅酸三钙,简写为 C_3S

$3CaO \cdot Al_2O_3$:铝酸三钙,简写为 C_3A

$4CaO \cdot Al_2O_3 \cdot Fe_2O_3$:铁铝酸四钙,简写为 C_4AF

C—A—H:水化铝酸钙

C—S—H:水化硅酸钙

AFt:高硫型水化硫铝酸钙,也称作钙矾石

AFm:单硫型水化硫铝酸钙

XRD:X 射线衍射

SEM:电镜扫描

目　　录

第一章　绪　　论

第一节　隧道防排水技术的发展与应用

公路隧道，尤其是高速公路、一级公路隧道对防排水要求很高，要求做到隧道内环境干燥无水。但是在20世纪60年代之前所修筑的隧道并没有重视防排水问题，在实际的应用过程中，很多隧道都出现了情况不一的严重渗漏水问题[1]。近年来，一些新建的公路隧道，也存在较严重的渗漏水问题。当前，日渐暴露的隧道渗漏水问题已被列为公路隧道工程十大通病之一。如何有效解决隧道在运营期间的涌突水、淋水、渗水等问题，已成为隧道工程设计与施工中的一个关键技术环节。目前，国内外隧道的施工方法主要有矿山法、盾构法（含TBM，全断面硬岩隧道掘进机）和沉管法三种[2]。山岭隧道主要应用矿山法中的新奥法进行施工，盾构法（TBM）广泛应用于城市地铁隧道的施工中，沉管法则一般用于水下隧道的施工[2]。不同类型的隧道施工需要选择不同的防水方案，虽然不同专业、不同领域人员从材料和构造方面实施防排水措施的做法各不相同，但归纳起来，隧道防排水技术主要有如下三种类型：

（1）全包式防水

全包式防水是从结构和附加防水层的角度实现的一种全包式防水模式。对于保护地下水环境、地层沉降要求高的工程，全包式防水在应用过程中能够有效保证工程质量的稳定性，发挥不可替代的作用。全包式防水可以为隧道安全运营提供重要的环境条件，但是造价较高，在现有技术条件下并不可行[3]。

（2）半包式防水

半包式防水主要是从泄水的角度来实现防水功能。在实际应用过程中，半包式防水能够保证地下水环境的稳定性，对于一些地层沉降要求较低的工程，再结合一些其他的设备和措施，能够保证整个隧道的安全运营，为整个隧道结构耐久性提供较大的帮助，但施工完成后需要耗费大量的资金来进行维护[3]。

（3）控制型防排水

控制型防排水是近年来新型的隧道防排水技术。控制型防排水既降低了全包式防水高昂的成本，又考虑了对地下水环境的保护和对地层沉降的限制。控制型防排水技术基于半包式防水技术，参照地下水位和地层变形的监测数据，自动或半自动地调整排水量，同时达到节约成本和维持地下水平衡的目的。

下面主要针对新奥法施工的山岭隧道，简要介绍山岭隧道防排水技术的应用现状。

一、复合式衬砌防水技术

复合式衬砌是目前最普遍的一种结构形式[1]，广泛应用于国内外公路隧道的修建，一般由初期支护喷射混凝土、二次衬砌模筑混凝土以及其间的防水层组成，具体结构类型如图 1-1 所示。在这种结构类型的防排水设计中，大部分采用半包式防水设计，也有部分采用全包式防水设计，如用新奥法施工的水下公路隧道。

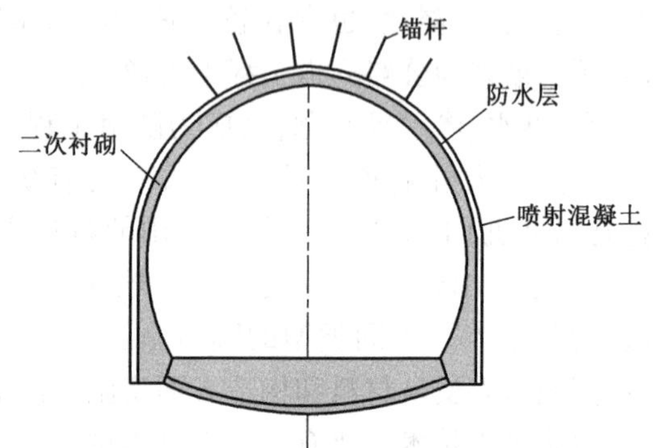

图 1-1 复合式衬砌防水结构示意图

初期支护通常由喷射混凝土（＋钢支架/钢筋网/纤维）和锚杆组成。当前国际上最高水平的喷射混凝土支护可达到 68MPa 的抗压强度，且几乎没有渗水，厚度一次成型，没有施工缝，同时不设沉降缝，具有很高的结构强度和较好的防水效果。而我国对于初期支护的设计要求并不高，同时也不够重视防水效果，导致在实际的防水过程中无法发挥该技术有效的作用。

在初期支护上应用的防水层可以分为三种不同的类型[2]。

①刷式防水层是近几年兴起的一种防水方法，在实际的应用过程中可以形成稳定的隔水层，但是这种防水方法只是停留在工业试验阶段，并没有得到广泛的推广和应用[2]。

②喷涂式防水层是在初期支护的基础上形成的一个能满足防水要求的防水层，喷涂层的厚度一般不小于 2mm，同时在喷涂层施工完毕后，还需要利用砂浆保护层来实现全方位的防水。目前国际上水平最高的喷涂层防水涂料可以一次

成型,并且在实际应用过程中凭借着自身良好的延展性,在高水压的状态下仍然能保持良好的耐久性。

③粘贴式防水板是目前使用最多的防水材料,价格便宜,质量可靠,可满足不透水的防水要求。为了保证能够达到良好的防水效果,在二次衬砌施工完毕后,利用防水板与二次衬砌之间的注浆来实现密贴防水的效果。

复合式衬砌一般可以保证良好的防水质量,这是因为复合式衬砌的防水层设在初期支护与二次衬砌之间,除了能够满足基础的防水要求,还能凭借一定的约束力,防止二次衬砌模筑混凝土在后期应用过程中出现裂缝。但问题在于,一旦前两道结构防水失败,二次衬砌模筑混凝土的施工缝和沉降缝就极易发生渗漏水。因此,在隧道防水的过程中,应高度重视施工缝和沉降缝。有关数据显示,有超过 90% 的渗漏水问题是由这两者造成的。在实际的修筑过程中,如何保证施工缝和沉降缝处的防水效果,以及如何设置止水带和附加注浆管等,都是困扰隧道施工的重难点问题。这些问题难就难在不仅要考虑结构沉降、伸缩的位移变形,还必须保证能够在高压变形的状态下实现良好的防水效果。

二、单层式衬砌防排水技术

北欧许多国家在排水方面都应用单层式衬砌结构。这种结构由高性能混凝土和锚杆两部分组成,在混凝土中添加各种添加剂来保证混凝土的密度、稳定性能够满足实际施工的需求。单层式衬砌防排水设计一次成型,不产生任何施工缝和沉降缝,能够在实际应用过程中达到良好的防水效果,但是需重视在后期运营过程中的各种要求,保证能够在高压力的状态下达到良好的防水效果。目前,我国只是在一些低等级的公路隧道中,尝试采用单层式衬砌防排水技术。西南地区几座隧道在修筑过程中采用了单层式衬砌结构,但是出现了严重的渗漏水问题,并且混凝土无法达到相应的耐久性要求,所以这种结构自身耐久性效果尚待检验。

三、断层破碎带地层防排水技术

若隧道经过断层破碎带,则需要采用注浆方法实现隧道周边堵水加固的效果,这也是在隧道施工过程中需要高度重视的一个方面。国内外在断层破碎带的防排水方面已经积累了大量的成功经验。在探明水源之后,应采用正确的注浆材料来提高隧道的稳定性。另外,也可以结合地质雷达探测技术提前对断层破碎带地层进行相应的预测。这样就可以较好地解决防排水问题。

四、隧道导排水技术

1. 隧道整体导排水系统

隧道中的水来源于：一是隧道使用过程中产生的污水，二是围岩中不断渗出的地下水。对于这两种水源的排放，公路隧道修筑过程中主要采用两种不同类型的导排水方式：隧道内的污水通过路两侧的排水沟不断排出；围岩渗出的地下水通过衬砌进入汇水管，再通过导水管排出隧道。日本、欧洲国家主要采用的导排水形式如图 1-2 所示。

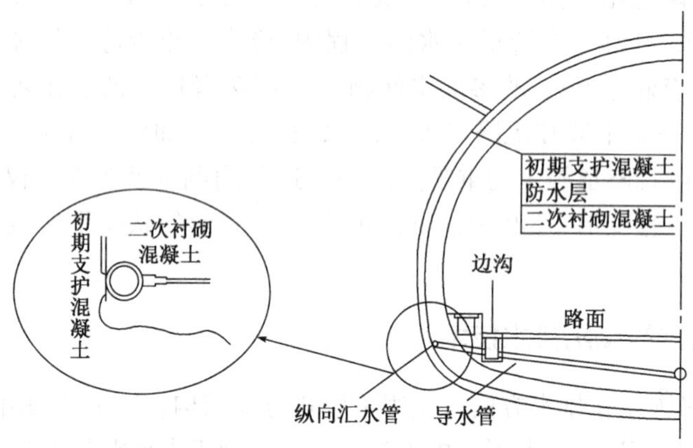

图 1-2　日本、欧洲国家主要采用的导排水形式示意图[3]

我国隧道修筑过程中，多采用导排水形式，即隧道使用过程中产生的污水以及周边岩层渗出的地下水均由路两侧的排水沟直接排出（图 1-3）。

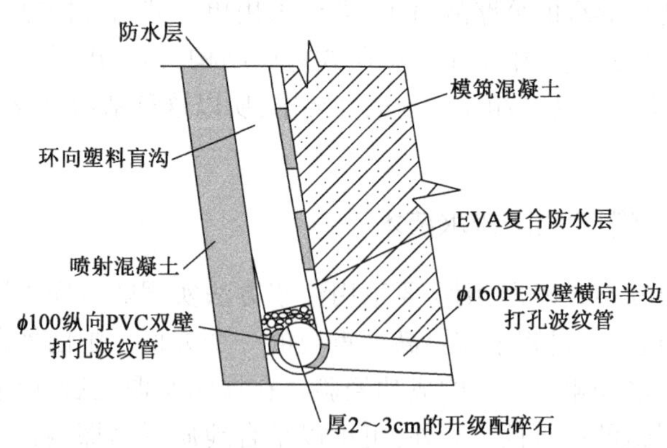

图 1-3　我国多采用的导排水形式示意图

2. 衬砌背后的导流系统

衬砌背后积聚的地下水无法导流,会导致隧道支护结构在使用过程中承受巨大的压力,所以在实际的施工过程中,必须保证导流系统能够达到相应的标准。这样才能够保证地下水顺利流至回水管,经过导水管后排出隧道。此外,市面上出现了一种强速型软式透水管。这种强速型软式透水管具有以下优点:①良好的柔软性,适用于隧道开挖后凹凸不平的岩面;②良好的耐压扁能力,可以有效提高管体结构的稳定性;③优良的过滤性能,能阻断地下水中的颗粒物进入管内,让隧道内裂隙水处于一个通畅流动的状态;④成卷的特性,方便运输和施工。该软式透水管的经济性和耐久性得到了公路隧道工程专家和技术人员的一致认可。

五、分区防排水思路

随着我国公路隧道防排水技术水平的不断提升,在实际设计过程中防排水思路也出现了很大的转变,很多学者提出了分区防排水的方法。分区防排水的核心是将隧道划分为几个不同的区段,杜绝富水区段二次衬砌背后的地下水向完好区段发生渗流,从而达到分区防排水的目的。当前隧道分区防排水主要通过焊接和粘贴止水带解决,进而让两个相邻的止水带之间处于良好的封闭状态,避免地下水在防水板和二次衬砌间发生“窜流”,将“窜流”控制在分区范围内。如果二次衬砌施工过程中混凝土质量不达标,缺陷较多,即使存在漏水问题,也只会在分区范围内出现,并不会影响其他区域,对整个隧道的正常运行影响较小。

1. 新型分区防排水方法

新型分区防排水方法是以涌水量大小、二次衬砌背后水压力大小和围岩等级为依据,将新型防排水系统划分成不同长度的防水区段和排水区段。防水区段限制水的排放,排水区段则以限量排放为主。新型分区防排水中的防水板有两个作用:一是防止地下水对衬砌的侵蚀,二是对地下水进行导流。位于初期支护和防水板间的土工布主要起过滤水中杂质的作用,经土工布过滤后的地下水通过环向施工缝流入外排水构件(排水管),继而引导地下水流向横向排水管,再汇入中央排水沟,最终流出隧道。新型分区防排水设计中取消了纵向排水管,也摒弃了目前在防水板上安装止水带的分区方式。另外,新型分区防排水方法在施工缝或变形缝位置采用了可更换的外排水构件,从理论上解决了隧道防排水系统现存的破损、老化且不能更换的难题,同时也解决了防排水系统内部发生堵塞不便于检查和维护的难题。图 1-4 为新型分区防排水设计示意图。

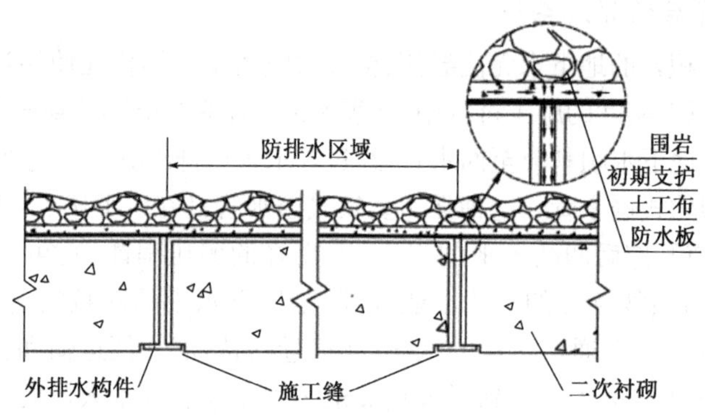

图 1-4　新型分区防排水设计示意图[4]

2. 防排水分区依据[4]

隧道新型防排水分区长度的确定以二次衬砌水压力为主要依据，通过预测涌水量确定隧道排放量的范围，围岩等级作为涌水量计算时的相关参数，故计算隧道防排水分区长度时主要指标如下。

(1)涌水量

涌水量的预测主要采用水均衡法、地下水动力学法、水文地质类比法、解析法、数值模拟法、非线性理论方法等。在隧道富含地下水的区段，目前主要采用地下水动力学法对隧道涌水量进行预测，具体包括古德曼经验式、佐藤邦明非稳定流式、佐藤邦明经验式等几种方法。

在预测隧道涌水量时，以隧址区的水文地质勘查资料和隧道设计技术参数作为基础，选取相适应的涌水量预测方法和计算公式，综合考虑各涌水量计算结果，分析整个隧道可能产生的最大涌水量和正常涌水量。同时从对工程最不利角度考虑，选取计算结果的较大值作为隧道涌水量的预测结果，最后依据总涌水量来计算隧道单位长度涌水量，并按照前期预测的涌水量大小在隧道纵向划分不同的长度区域。

(2)水压力

为保证二次衬砌结构安全，根据隧道涌水量划分隧道区段时必须将二次衬砌壁后水压力控制在安全范围内。二次衬砌的渗透系数远小于围岩和初期支护的渗透系数，从隧道围岩内部渗入排水系统的水较少，且水流速度较慢，故隧道二次衬砌所承受的水压力较大。利用地下水位线至隧道等价圆心的水位高度 H，计算出二次衬砌水压力，并与隧道的二次衬砌水压力控制标准进行对比，超过标准值时需要对分区长度进行调整。

(3)围岩等级

按照岩石地层的各项指标将围岩分为不同的等级,不同等级围岩对应不同的地表降水入渗系数和围岩渗透系数。利用这两个参数的不同取值,结合相应围岩区段的涌水量和衬砌水压力,综合确定隧道防排水的分区长度。在缺少试验资料的情况下,地表降水入渗系数可参考经验值,围岩渗透系数可参考《堤防工程手册》[5]所给出的经验值。对于围岩状况较差的一些特殊地段,如断层破碎带则应划分为封堵型不排水区段。

随着我国高速公路的快速发展,西南地区陆续修建了大量公路隧道。由于西南地区降水量较大,地下水资源丰富,在该地区修建公路隧道的过程中,常遇到因地下水而引发的各类灾害。特别是当隧道穿越侵蚀性地下水环境时,地下水易从掌子面或拱部渗入隧道,从而影响掌子面稳定性,同时使隧道施工环境严重恶化,施工质量难以保证。特别是在一些侵蚀性地下水发育环境中修建公路隧道时,常会遇到高水压区段甚至容易发生突水、突泥等地质灾害,严重威胁人员安全及财产安全。

六、小结

截至2020年年底,全国公路隧道总计21316处,隧道总长度达到2199.93万延米,其中特长隧道1394处(623.55万延米),长隧道5541处(963.32万延米)[6]。然而,在隧道修筑以及运营过程中,越来越多的山岭隧道出现了排水系统结晶堵塞问题,如图1-5所示。隧道排水系统发生堵塞、排水不畅,轻则造成衬砌渗漏水,若发现或处治较晚,甚至会引起隧道衬砌开裂、底板隆起等危害,严重影响隧道正常使用以及行车安全。

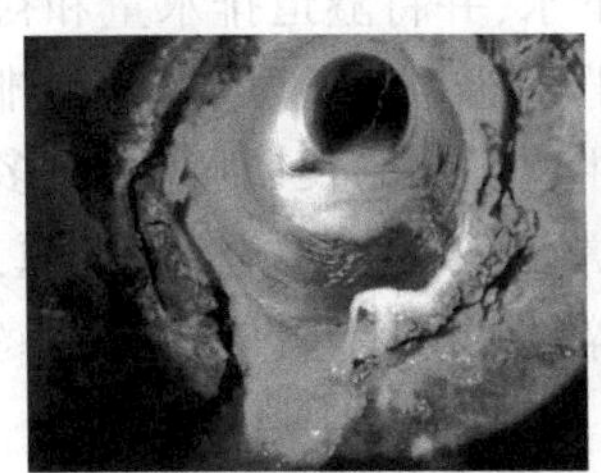
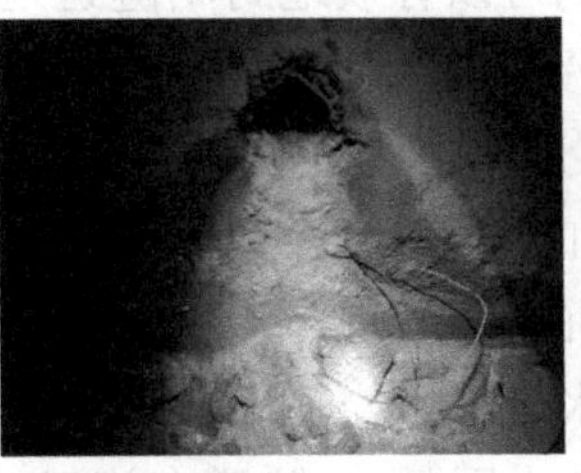

图1-5 排水管内的结晶堵塞情况

在侵蚀性地下水环境中修建公路隧道时,常见做法是“以排为主、排堵结合”。通过大量排放地下水来主动降低地下水位,减少施工风险和降低施工难度。但是地下水大量排放易造成隧址区地下水位降得过低,引发不良生态、地质和社会问题。

20 世纪 90 年代以前，在岩溶富水地层中修建隧道，常见的做法是最大限度地排放地下水，在隧址附近修建泄水洞来排泄地下水。一般山岭隧道所在区域经济比较落后、环保要求较低，若对地下水进行封堵则需要进行地层注浆，但当时注浆技术尚不成熟，且成本较高，因此出于技术条件限制和经济方面的考虑，这一时期修建的山岭隧道的防排水以排为主。

遵循“以排为主”原则修建的山岭隧道，由于地下水基本被全部排泄，设计时可不考虑地下水对隧道结构的影响，衬砌结构基本可按照普通衬砌结构进行设计，从而在一定程度上简化了隧道的设计与施工，有利于节约工程造价以及后期隧道运营环境和结构的维护成本。但是，随着时间的推移，“以排为主”所带来的问题日益凸显，主要表现在以下三个方面：

①在隧道长期排水作用下，围岩裂隙通道中的充填物逐渐被水流带走，致使围岩裂隙贯通性越来越好，隧道排水量不断增大，各种隧道病害如衬砌结构渗漏变形、路面翻浆冒泥、排水沟淤塞漫流、排水管结晶堵塞等问题将逐年加重；

②遵循“以排为主”原则修建的山岭隧道富水区段，施工中一般不再采取预注浆等封堵措施，地下水往往会影响施工的正常进度；

③长期排水导致隧址区域地下水位降低，并容易引发洞顶地表水土流失，造成地层塌陷等次生地质灾害。

近年来，随着生态环保问题逐渐被重视，在工程条件许可的情况下，应尽量遵循“以堵为主、限量排放”的隧道治水原则。已有相关实践经验和研究表明：在穿越高水压地层山岭隧道施工过程中，通过正确地选择注浆材料、控制注浆参数、设置排水系统，在施工期可以有效地封堵隧道地下水，并将隧道排水量和衬砌背后水压力控制在可接受的范围内。但事实表明，遵循“以堵为主，限量排放”原则修建的山岭隧道在进入运营期后，难以经受住地下水的长期侵蚀，或多或少出现了渗漏水病害。如在西南地区，运营隧道常常出现排水系统堵塞问题，地下水渗流过程中生成的沉淀结晶物与泥沙及围岩碎片等易堵塞排水管，最终导致隧道发生大面积渗漏水。

随着公路隧道网向复杂山区延伸，隧道在施工、运营中暴露出的病害越来越严重。在众多隧道病害中，隧道渗漏水病害因具有分布范围广、危害程度高、治理难度大等特点而备受关注。运营隧道长期的渗漏水病害，会使得围岩条件劣化，造成衬砌承受荷载增加，导致衬砌结构开裂；遇到侵蚀性环境地下水，则会加速劣化隧道支护结构和洞内设备，威胁结构安全，缩短设备使用寿命；当渗水量较大时，容易造成隧道内路面积水，削弱车轮和路面之间的附着力，使行车条件恶化。衬砌结构破坏和严重渗漏水示例如图 1-6 所示。

图 1-6　衬砌结构破坏和严重渗漏水

目前，国内外对侵蚀性环境地下水公路隧道结晶堵塞问题的特征、形成机理、处治等研究，还存在大片空白，特别是对于隧道结晶堵塞的处治缺乏系统、科学的理论指导，致使对该问题的治理工作几乎"屡治屡败"，造成了一些不良社会影响。目前，对于排水管内结晶堵塞病害的处治效果仅在短期内有效，不能从根本上解决问题。因此，对该问题展开系统、深入的调查研究，分析该病害的形成和发展机理，进而从根本上对结晶堵塞病害进行防治，具有重要的现实意义。

隧道排水系统结晶堵塞的成因复杂，而且各种因素对排水系统结晶堵塞的影响也各不相同。因此，应基于现场调研情况，并结合隧道地勘资料、设计资料，在掌握现场水文地质情况、隧道设计施工情况以及隧道运营条件等各方面资料的基础上综合分析，从自然因素、设计因素、施工因素以及运营维护因素四个方面来分析山岭隧道排水系统结晶堵塞的成因及防治措施。

第二节　隧道防排水系统存在的问题和面临的挑战

随着公路隧道数量不断增加，保证隧道良好的运营环境尤为重要，而隧道防排水质量是保证隧道良好运营环境的关键，因此，隧道防排水系统的质量直接影响隧道的运营环境、运营成本。公路隧道防排水系统中的设计、施工、运营任一环节若有缺陷都有可能引发渗漏水问题。当前施工技术、施工方法、防排水材料等存在的不足，以及隧道地理位置环境的制约，致使隧道防排水系统存在一系列问题。

本节主要从防排水系统施工层面分析防排水系统存在的主要问题，总结在侵蚀性地下水的作用下隧道防排水系统所面临的挑战。

一、因施工造成的防排水系统质量问题

1. 二次衬砌混凝土存在缺陷

隧道之所以出现渗漏水现象，主要是因为二次衬砌混凝土内部存在缺陷。二次衬砌混凝土内部缺陷除了混凝土裂缝之外，还有衬砌脱空，衬砌厚度不足，衬砌不密实，衬砌错台，衬砌表面有蜂窝、麻面、气泡等。

2. 排水管存在缺陷

(1)环向排水管

为了节省环向排水管的安装时间，如果在安装时排水管未包裹滤水布，地下水中富含的杂质就很容易将排水管上的开孔堵塞，致使环向排水管的导流作用失效。当前的环向排水管基本采用软管，受其自身刚度的影响，在衬砌混凝土浇筑过程中软管容易被压扁，发生挤压变形后不能起到有效排水泄压作用，排水系统不能满足要求。

(2)纵向排水管

在安装之前，应先用土工布包裹纵向排水管，再用防水板包裹。安装纵向排水管时存在的主要问题有：排水管安装位置没有严格按照规范进行坡度测量，直接目测进行安装；排水管没有支撑而处于悬空状态；排水管的接头部位安装不稳定；在安装过程中忽视了排水管上的泄水孔位置，将泄水孔朝下安装造成水直接向下流出，排水系统失效；防水板包裹不严实，未用土工布包裹，泥沙堵塞排水管上的泄水孔；上覆级配碎石不达标，不能实现良好的滤水效果。

(3)横向排水管

横向排水管施工时保护措施不到位，容易在接头部位发生压扁、断裂等破坏；接头部位易出现堵塞等问题；没有进行坡度测量，出水口高度大于进水口，产生地下水倒灌问题；三通管接头部位因固定不牢易与纵向排水管脱节。

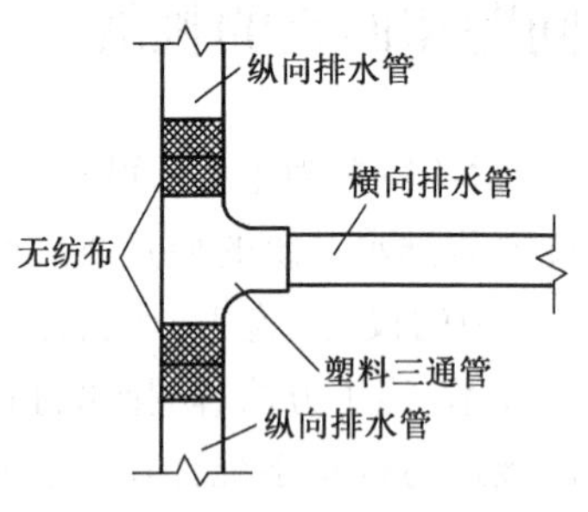

图 1-7　三通管连接部位示意图[7]

(4)三通管

三通管(图 1-7)是连接纵向排水管与横向排水管的接头管件，在没有防护措施尤其是在未固定基座的情况下，浇筑二次衬砌混凝土时

容易使接头管件发生变形甚至被压扁,从而导致排水不畅。另外,三通管是最容易发生堵塞的部位,也是受力和地下水较为集中的部位。

(5)中央排水管/沟

中央排水管/沟多采用圆形混凝土预制管,少数采用 PVC 管材或者方形预制管。安装时容易出现错台,一旦错台就会导致后期的各个水管在接通时出现渗漏水情况。如果中央排水管不用土工布进行包裹,则很容易被沙石堵塞,一旦堵塞将影响整体的排水效果,严重时甚至会破坏路基。

3. 防水层存在缺陷

防水层面临的问题是防水板在焊接时易出现扎拉作用,一旦出现这种情况,整个防水板就会开裂。在铺设防水板之前,应对初期支护表面进行初步清理。如果初期支护表面的筋头等凸起物没有清理干净,会对防水板造成损坏,后期即使进行修补,也很难保证防水板的牢固性和完整性。

4. 止水带存在缺陷

止水带施工过程中存在的主要问题是:背贴式止水带出现焊接与固定不牢,钢筋卡固定不规范,模板拆除后止水带出现变形、破损等。隧道运营期间,止水带受温度影响易出现老化、扭曲、变形等,不能保证施工缝防水。一旦施工缝出现渗漏水情况,就会为地下水中钙物质的结晶沉积提供条件,导致钙物质在衬砌施工缝处发生结晶沉积。这一现象在渗漏水情况较为严重的衬砌施工缝处尤为明显,如图 1-8 所示。

图 1-8 隧道衬砌施工缝处漏水结晶现象

上述排水设施存在的问题会给隧道渗漏水的发生创造条件，很可能导致局部路段漏水，甚至在多雨季节出现排水不及时的情况而导致隧道内积水。由于公路隧道渗水位置具有不确定性，渗水量的大小难以准确估算，渗漏水问题的防治十分困难。

公路隧道渗漏水问题可能产生如下危害：

①隧道施工时出现渗漏水会影响施工环境，也会影响掌子面的稳定性和喷射混凝土的质量，尤其当掌子面周边发生涌水时，因存在渗透压而可能造成掌子面失稳坍塌。

②隧道长期渗漏水，会对隧道结构稳定性、隧道内设备以及行车安全等方面产生诸多不良影响，严重威胁隧道的正常运营。尤其当围岩周围的地下水具有侵蚀性时，将加快衬砌和内部设施的腐蚀速度，导致混凝土结构中的有效化学成分不断被溶解，并在地下水的渗流作用下从混凝土内部析出，长此以往，将对混凝土的结构产生破坏，严重影响隧道的使用寿命。

③对于公路隧道，渗漏水病害会导致路面积水，使行车环境恶化，削弱轮胎与路面间的附着力，对行车安全造成危害。

④对于冻融地区的隧道，渗漏水会侵蚀衬砌和围岩之间的空隙，反复的冻胀会引起衬砌结构的开裂，甚至变形破坏；当隧道处于地下水中富含侵蚀性离子的地层时，隧道混凝土结构受地下水的侵蚀尤为严重，这将导致混凝土自身结构和内部钢筋结构遭受严重的腐蚀，混凝土的耐久性能和物理力学性能逐步劣化，并且这种劣化是不可逆的，对隧道混凝土结构来说是一种永久性的损伤。

二、侵蚀性地下水带来的排水系统质量问题

1.侵蚀性地下水分类

由于混凝土是多孔的固、液、气三相共存的非均质材料，其所处环境中的某些侵蚀性物质一旦进入混凝土内部，就会与混凝土、钢筋发生各种物理、化学反应，影响混凝土结构的耐久性，从而影响排水系统质量。

侵蚀性物质进入混凝土内部的主要途径是地下水。地下水流经不同的岩石，带走了岩石中的可溶性物质，从而使得地下水中含有大量具有腐蚀性的矿物离子，如 SO_4^{2-}、Cl^-、Mg^{2+}、HCO_3^- 等。地下水的长期活动会导致隧道衬砌混凝土逐渐被腐蚀，同时腐蚀性矿物离子也会加速地下水对混凝土的侵蚀，使衬砌结构产生裂缝甚至破坏，从而引发渗漏水病害。

侵蚀性地下水含有各种侵蚀性物质，侵蚀性物质对隧道结构的侵蚀作用和侵蚀机理各不相同。按照不同的分类依据，侵蚀性地下水的分类也不同。

①依据地下水对隧道衬砌结构的侵蚀性特征,可将侵蚀类型分为分解类侵蚀、结晶类侵蚀、结晶分解复合类侵蚀三种[8]。

②依据地下水对混凝土结构和钢筋的腐蚀程度,可将腐蚀分为弱分解性腐蚀、中等分解性腐蚀、强分解性腐蚀三种形式。

③从侵蚀性地下水与混凝土、钢筋混凝土之间的化学反应特征出发,地下水的化学侵蚀作用可分为溶出性侵蚀、分解性侵蚀、盐类析晶侵蚀、有机物质侵蚀四大类[9]。

按照侵蚀性地下水产出环境进行分类,侵蚀性地下水可分为以下几种:

①硫化物型。

硫化物型侵蚀性地下水是指地下工程围岩中存在的硫化物及其组合,与溶解于地下水中的氧气作用产生的侵蚀性地下水。其形成机理是:硫化物 + 氧气 + 水 ⟶ 金属氧化物 + 硫酸。其中,硫酸是具有腐蚀性的,也可以与混凝土、钢筋混凝土中的水泥水化产物发生反应,生成新的盐类,其体积比原体积大,即生成具有膨胀性的盐类。

②硫酸盐型。

硫酸盐型侵蚀性地下水是指地下工程围岩中存在的硫酸盐及其组合与地下水作用,通过直接侵蚀或间接侵蚀两种形式对地下工程产生侵蚀作用的侵蚀性地下水。

a. 直接侵蚀作用。对于溶解度较大的硫酸盐,其溶解产物与水泥水化产物反应,生成膨胀性盐类,引起侵蚀作用,或所生成的盐类与其他水泥水化产物反应,生成新的膨胀性盐类,如含芒硝的岩层。对于溶解度较小的硫酸盐,其侵蚀作用主要表现为与水泥水化产物反应,生成膨胀性盐类,如含石膏、泻利盐的岩层。

b. 间接侵蚀作用。隧道等地下工程的开挖使硬石膏盐层或含硬石膏岩层周围压力减小,并与围岩中的地下水作用,生成石膏而使体积增大,对隧道等地下工程结构中混凝土和钢筋混凝土产生间接侵蚀作用。

例如,重庆地区的隧道地下水侵蚀类型主要呈硫酸盐弱-中等侵蚀。地下水中的硫酸盐与混凝土中的氢氧化钙发生化学反应生成硫酸钙(硬石膏),化学方程式为:

$$SO_4^{2-} + Ca(OH)_2 = CaSO_4 + 2OH^-$$

硫酸钙遇水生成二水石膏时膨胀,产生膨胀压力,还能与混凝土中的碱集料铝酸三钙水化生成的水化铝酸钙反应生成高硫型水化硫铝酸钙($3CaO \cdot Al_2O_3 \cdot 3CaSO_4 \cdot 32H_2O$)。生成的高硫型水化硫铝酸钙含有大量的结晶水,体积迅速增大，溶解度低，容易析出结晶体，同时产生大的结晶压力和膨胀压力，致使混凝土衬砌开裂。当裂缝通道形成后，地下水更容易向洞室内渗透造成隧道渗漏水。

③氯化物型[9]。

氯化物型侵蚀性地下水是指地下工程围岩中存在的氯化物及其组合，通过两种途径对地下工程的混凝土和钢筋混凝土产生侵蚀作用的侵蚀性地下水。第一种是氯化物中的镁离子与水泥的水化产物氢氧化钙反应，生成难溶的氢氧化镁，从而降低混凝土的碱度，加速混凝土的其他形式侵蚀作用；第二种是氯化物中的氯离子加速对钢筋混凝土的锈蚀作用。

④碳酸型[9]。

碳酸型侵蚀性地下水是指由于地下工程围岩中二氧化碳的浓度较高，二氧化碳溶于水生成的碳酸与已经发生碳化的混凝土作用，生成易溶的碳酸氢钙，从而降低混凝土的碱度，加速混凝土的其他形式侵蚀作用的侵蚀性地下水。

⑤组合型。

组合型侵蚀性地下水是指地下工程围岩中存在两种或两种以上上述类型的侵蚀组合。从理论上讲，可以出现多种形式的组合，但是最常见的是硫化物-硫酸盐型、氯化物-硫酸盐型和硫化物-碳酸型组合。

2. 地下水侵蚀喷射混凝土的过程

在隧道修筑过程中，当喷射混凝土通过潮喷或湿喷工艺施作完成后，在速凝剂的促凝和早强作用下，混凝土内部结合大量的游离水，迅速生成凝胶产物和结晶产物，两种产物在交联作用下使喷射混凝土迅速凝结硬化，并附着在围岩表面形成支撑，在这一过程中速凝剂的作用将逐步得到发挥。速凝剂对喷射混凝土钙溶蚀产生影响主要是在喷射混凝土凝结硬化时期，这一时期速凝剂将影响含钙水化物的生成量和生成速度，以及喷射混凝土的密实度和孔隙率等。但由于喷射混凝土凝结硬化时间非常短，该阶段的钙溶蚀结果对喷射混凝土本身的影响是微不足道的。

对于长期处于地下水环境中的隧道，当喷射混凝土凝结硬化之后，随着围岩中的地下水与喷射混凝土长期接触，喷射混凝土将逐步发生溶蚀现象，如图 1-9 所示。对于支护背后富存地下水的隧道，由于喷射混凝土具有低抗渗性，随着地下水压力的作用和时间的推移，地下水将逐渐渗入喷射混凝土，喷射混凝土开始出现溶蚀现象。喷射混凝土钙溶蚀可分为以下几种情况：

①当地下水与混凝土静止接触时，喷射混凝土中的含钙水化产物［如 $Ca(OH)_2$

和 C—S—H]在离子浓度差的作用下逐步溶解，地下水中的钙离子浓度会逐渐增加，当其增加到与混凝土内部孔隙溶液中钙离子浓度相同时，扩散反应和内部的转化物溶解反应会停止。

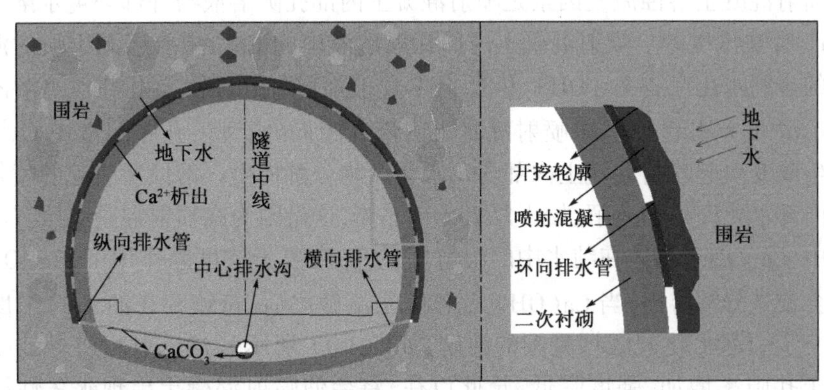

图 1-9　隧道喷射混凝土的钙溶蚀过程

②当地下水渗入喷射混凝土中时，混凝土内部孔隙中的钙离子会不停地被流动水带走，从而使钙离子的溶解-扩散作用持续进行，引起喷射混凝土中的含钙水化产物[如 $Ca(OH)_2$ 和 C—S—H]不断分解，钙离子的流失将导致喷射混凝土性能下降。$Ca(OH)_2$ 和 C—S—H 的溶解反应方程式如下：

$$Ca(OH)_2(s) \longrightarrow Ca^{2+} + 2OH^-$$

$$C—S—H(s) \longrightarrow xCa^{2+} + 2xOH^- + SiO_2 \cdot nH_2O$$

③随着地下水流动，钙离子将不断地从喷射混凝土内部析出，当地下水与空气接触之后，地下水中的钙离子将会与空气中的 CO_2 发生一系列化学反应，生成碳酸钙白色结晶体，化学反应方程式如下：

$$CO_2 + Ca(OH)_2 = CaCO_3 \downarrow + H_2O$$

$$CO_3^{2-} + Ca^{2+} = CaCO_3 \downarrow$$

$$HCO_3^- + Ca^{2+} + OH^- = CaCO_3 \downarrow + H_2O$$

此外，依据地下水(主要为软水)与喷射混凝土接触方式的不同，喷射混凝土的溶出性侵蚀又可以分为接触溶蚀和渗透溶蚀[10]。接触溶蚀主要是指地下水直接冲刷混凝土表面，在离子浓度差的作用下不断带走扩散出的钙离子，发生侵蚀反应。而渗透溶蚀是指喷射混凝土内部孔隙水在压力作用下，不断向外界迁移，软水环境下混凝土内部孔隙水分子的迁移会带走孔隙溶液中的钙离子，由此发生侵蚀反应。喷射混凝土的接触溶蚀和渗透溶蚀作用机理如图 1-10 所示。通常情况下,接触溶蚀和渗透溶蚀在喷射混凝土的整个溶蚀过程中是时刻并存的。

喷射混凝土溶蚀激发因素是喷射混凝土内部孔隙溶液与外部环境水溶液中的 Ca^{2+} 存在浓度差。喷射混凝土内部孔隙溶液中的 Ca^{2+} 主要来源于喷射混凝土中的含钙水化产物 $Ca(OH)_2$ 和 C—S—H 的溶解。孔隙溶液和环境水溶液中的 Ca^{2+} 浓度差引起 Ca^{2+} 由喷射混凝土内部孔隙向外扩散,孔隙溶液中 Ca^{2+} 浓度发生改变引起喷射混凝土内部含钙水化产物分解析出。溶蚀所引起的喷射混凝土内部水化产物的分解,始于氢氧化钙晶体,这是因为在喷射混凝土所有水化产物中,$Ca(OH)_2$ 晶体在纯水中的溶解度最高,在离子浓度差作用下,$Ca(OH)_2$ 晶体会首先分解溶出,当 $Ca(OH)_2$ 晶体完全溶解之后,持续存在的 Ca^{2+} 浓度差会进一步引起水化硅酸钙凝胶的溶解,如图 1-11 所示。这一过程将导致喷射混凝土孔隙率增加,强度降低,长此以往,将会使喷射混凝土出现永久性结构劣化。

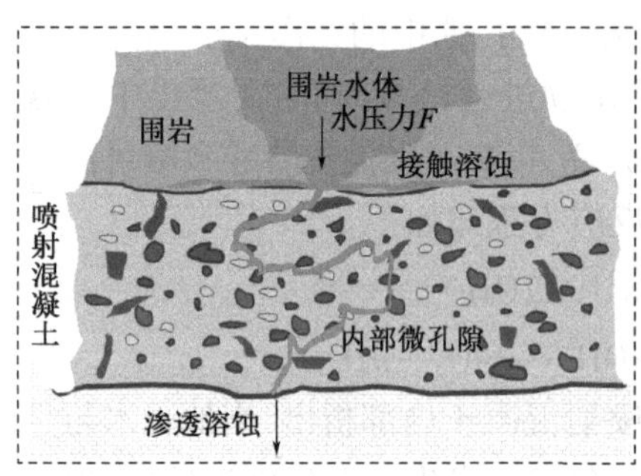

图 1-10　喷射混凝土的接触溶蚀和渗透溶蚀

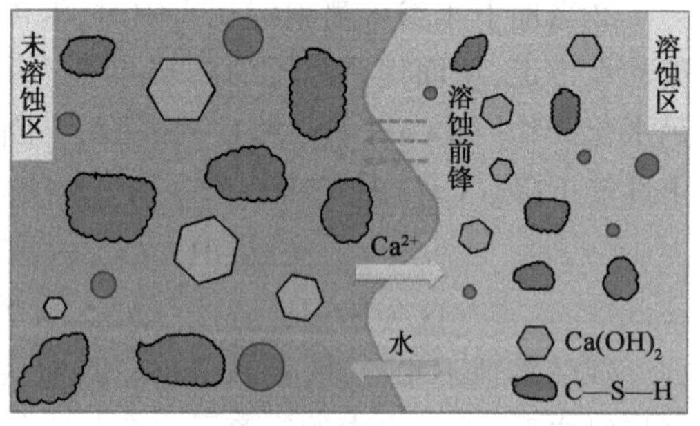

图 1-11　隧道喷射混凝土溶蚀过程中含钙水化产物的溶解过程

隧道内一旦出现 Ca^{2+} 从喷射混凝土内部溶出的现象,Ca^{2+} 将随着地下水流经排水管,随着时间的累积,由于排水管与大气相连通,空气中的 CO_2 将逐渐由气态 CO_2 转变为水溶性 CO_2;并且喷射混凝土中 $Ca(OH)_2$ 持续溶解,从喷射混凝土中流出的水溶液中会夹带大量的 OH^-,使得水溶液呈现碱性(通常在溶蚀前期水溶液的 pH 值为 11.0 ~ 13.0,溶蚀后期 pH 值为 9.0 ~ 11.0),而水溶性的 CO_2 更易于与 OH^- 反应生成 HCO_3^-;同时 HCO_3^- 在水中将电离出 CO_3^{2-},CO_3^{2-} 将与喷射混凝土中溶出的 Ca^{2+} 反应生成 $CaCO_3$。$CaCO_3$ 的生成过程如图 1-12 所示。

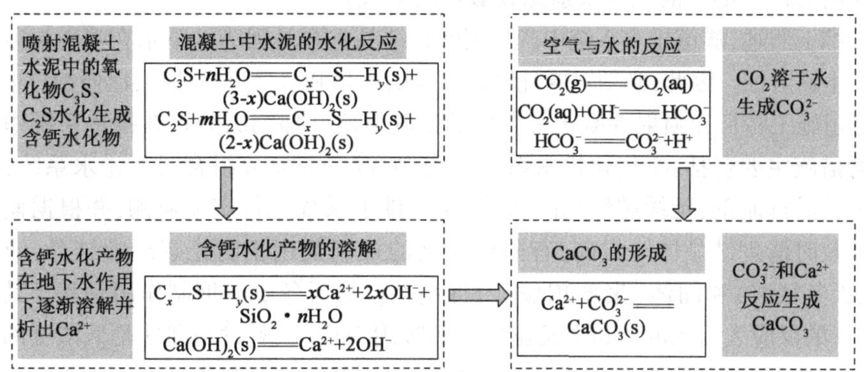

图 1-12 $CaCO_3$在隧道内的生成过程

久而久之,排水管中将逐渐形成碳酸钙白色结晶体,当结晶体达到一定数量时,就会堵塞排水管,致使隧道的排水系统瘫痪,如图 1-13 所示。此外,因为排水管被堵塞,所以淤积在初期支护和二次衬砌之间的地下水无法及时排出,进一步可能导致二次衬砌施工缝处出现渗漏现象,大量的地下水透过防水板从衬砌施工缝处排出,在二次衬砌施工缝处出现大量的碳酸钙白色结晶体,如图 1-14 所示。

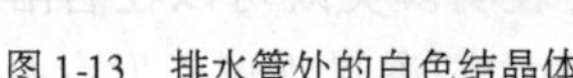

图 1-13 排水管处的白色结晶体

图 1-14 二次衬砌施工缝处的白色结晶体

地下水的化学成分、隧道喷射混凝土的设计配合比以及水泥的组成成分是影响 $CaCO_3$结晶体形成的主要因素,其他因素如水流量、喷射混凝土的渗透性和含水量、化学外加剂和环境温湿度也会影响 $CaCO_3$结晶体的形成。通过分析沉淀碳酸盐的稳定氧碳同位素组成,可以追踪由喷射混凝土、局部渗滤水和大气相互作用控制的隧道中 $CaCO_3$沉淀的生成路径、模式和速率。不同的地下水类型和喷射混凝土之间的物理化学相互作用机制,以及水-岩石相互作用的强度一般可以通过溶解的 K^+和 pH 值(由混凝土浸出)之间的正相关关系,以及溶蚀作用

造成的 Ca^{2+}、Mg^{2+} 的减少来追踪碳酸钙的形成。

综上所述，隧道排水系统中产生碳酸钙结晶主要是因为地下水在喷射混凝土中发生钙溶蚀。因此，必须对隧址区地下水的水量和水质进行评估，以便制订适用于隧道施工特征和喷射混凝土配合比的正确策略。抑制碳酸钙在排水系统中结晶的措施主要包括：①优化排水系统结构，如设置分离或组合式的排水系统；②使用结晶抑制剂，延缓碳酸钙的结晶；③对排水系统进行定期监测，并根据监测结果及时清理结晶体。目前，有两种类型的抑制剂用于防止碳酸盐结晶：液体（聚天冬氨酸）和固体（聚琥珀酸基）抑制剂。聚天冬氨酸抑制作用是基于其在 $CaCO_3$ 的反应表面或成核和生长位置上的吸附效应，试验发现即使是低浓度的聚天冬氨酸（0.1mg/L）也会导致 $CaCO_3$ 核化的显著延迟，如果水溶液中存在 Mg^{2+}，则这种核化延迟效应将进一步增强[11]。

第三节　国内外研究进展

一、概述

碳酸钙结晶类似于“钙华”现象，“钙华”现象的定义如下：含 HCO_3^- 的地下水接近和出露于地表时，因 CO_2 大量逸出而形成的 $CaCO_3$ 化学沉淀物被称为钙华，也可称为石灰华[12]。钙华的沉积受气候、环境、水文地质条件、水流物化性质等因素的共同影响。

四川黄龙[13]、九寨沟[14]、云南白水台[15]、贵州马岭河天星画廊[16]等都是钙华作用的典型地质区。其中，黄龙钙华沉淀结晶速率为 0.43 ~ 4.7mm/a，流速越快的地方，钙华沉积速率越快。通过对钙华藻类的采集、鉴定与分析，初步证明了黄龙钙华藻类的生物侵蚀性地下水作用，表明藻类既可以在岩溶钙华生成的过程中发挥作用，也可以破坏钙华景观；九寨沟湖瀑景观形成发育是因为气温上升导致岩溶水具有侵蚀性而破坏了九寨沟地区长期累积的钙华体；云南白水台钙华属于热成因钙华，温度的作用对 $CaCO_3$ 的生成作用明显，流速对 $CaCO_3$ 的沉淀结晶具有非常明显的控制作用，流速越快，钙华沉积速率也就越快；造成贵州马岭河天星画廊景区的三条瀑布钙华形态和构造多样化的关键因素为水流以及藻类群落的共同作用。

隧道排水系统结晶堵塞过程与钙华形成过程具有一定的相似性，隧道排水系统结晶堵塞过程包括质量传递、动量传递以及能量传递等复杂的物理-化学过程。目前,影响隧道排水系统结晶堵塞的因素可总结为气候因素、生物因素、地质构造及围岩因素、工程因素四个方面,具体为温度、CO_2浓度、水压力、水溶液中 pH 值以及地下水中钙、镁离子含量等因素[17]。在理论研究方面,可借助经验公式及 DBL(基于设计的学习)理论公式计算排水管内沉淀结晶物的结晶速率;在试验研究方面,通过调整排水管坡度、控制侵蚀水流量等措施可以有效改善隧道排水管的堵塞状况。目前普遍认为,喷射混凝土抗渗性越好,有害介质就越不易侵入其内部结构,就越能缓解排水系统内的堵塞状况。在实际工程应用中,喷射混凝土结构的防水措施主要集中在以下几个方面:①喷射混凝土的组成材料成分;②喷射混凝土材料配合比设计;③外掺料种类和掺量的调整;④外加剂的选取。其中,外加剂作为一种高效、高性能材料在防水处理方面具有较高的应用价值。把外加剂作为提高喷射混凝土抗渗性的功能型材料对预防隧道出现结晶具有重要意义。

事实上,很多领域都遭受结晶病害的困扰(图 1-15),B. M. 莫斯克文等形象地把这种结晶现象称为混凝土的"白死病"[18]。关于结晶病害,油田、换热器、水库大坝、水电站等领域已经做了大量的研究[图 1-15a)、图 1-15b)、图 1-15c)、图 1-15d)]。近几年来,隧道排水管结晶堵塞现象越来越严重,如铁路隧道、引水隧洞、公路隧道等都出现了不同程度的结晶现象[图 1-15e)、图 1-15f)、图 1-15g)]。针对公路隧道,很多学者从岩溶水中析出晶体的角度对岩溶隧道排水管结晶堵塞机理进行分析,这些研究将结晶体物质来源主要归因于岩溶水,认为岩溶水中 CO_3^{2-}、HCO_3^-、Ca^{2+}、Mg^{2+} 等在一定条件下在排水管中生成结晶体,而近些年来在非岩溶区域很多隧道结晶堵塞现象越来越常见[图 1-15h)]。由此可见,岩溶水并不是导致 $CaCO_3$结晶体产生的唯一因素。

随后,关于结晶体来源的研究开始转向隧道初期支护喷射混凝土,结晶过程与机理的研究也从宏观外界因素开始转向微观结晶离子的化学反应和结晶体的形成。不仅如此,很多隧道在建设期间就出现了严重的排水管结晶堵塞现象,图 1-15i) 为某在建隧道排水管、电缆沟、边沟、检查井等处的结晶情况。

隧道排水系统结晶堵塞病害已经引起了广大学者的关注,针对隧道排水系统结晶堵塞病害,从研究角度可以分为隧道排水系统结晶堵塞机理研究、预防措施研究、处治措施研究三类,研究方法主要包括调研统计、理论研究、试验研究、数值模拟等方面。下面将从调研统计、理论研究、试验研究三个方面展开叙述。

a)某油田注水管结晶　b)清理换热器结晶　c)水库大坝背面结晶

d)某水电站衬砌表面结晶　e)某铁路隧道排水管结晶堵塞

f)某引水隧洞衬砌表面结晶　g)某岩溶隧道结晶情况

h)某非岩溶隧道车行横洞边沟结晶情况

i)某在建隧道排水管、电缆沟、边沟、检查井等处结晶情况(依次从左至右)

图 1-15　混凝土构筑物结晶现象

二、调研统计方面

在排水系统结晶堵塞机理方面,加兰(Galan)等[19]统计了很多排水系统出现结晶堵塞的隧道,总结了结晶体对混凝土耐久性的影响,并将结晶体影响因素分为可控和不可控两类;吴子龙等[20]通过对隧道内产生白色结晶体周围的土样调研检验,发现钙华现象主要是由周围土壤中细粒级的碳酸钙溶解导致的;林德(Rinder)等[21-23]通过对奥地利和欧洲其他国家多条隧道的多年调研和现场试验,发现高碱性排水溶液中的钙主要来自地下水和混凝土。陈一凡等[24]调研了法国多条存在碳酸钙结晶堵塞问题的隧道,见表 1-1,并基于地质图像分析法对法国的问题隧道进行了初步分析,证明了隧道周围环境的材料属性在结晶现象

法国存在结晶问题隧道的基本情况[24]

表 1-1

隧道名称	国家或地区	修建年份	排水系统	地下水位	衬砌材料	结晶现象	处治措施	清理频率	维护花费
博洛宗2号隧道(Bolozon 2 tunnel)	布尔根布雷斯至贝勒加德	1872—1874	单侧排水沟	位于地下水位以上	坚硬的石灰石碎石,少量纤维喷射混凝土	一些碳酸盐沉积在沟槽底部	无	—	—
拉内特隧道(La Nerthe tunnel)	帕斯德朗西耶至埃斯塔克	1843—1847	中心排水沟	—	侧壁材料:石灰石(拱形); 拱顶:砖; 其余:喷射混凝土; 无二次衬砌	无明显结晶	—	—	—
布雷瓦尔隧道(Breval tunnel)	芒特至瑟堡	1856	中心排水沟+两侧排水边沟	位于地下水位以下	1856年:砖; 1866年:拱顶添加碎石; 1934—1996年:使用了钢筋混凝土和涂层横梁	两侧排水边沟的总沉积量预计3~4t	使用特殊药剂处治	1600m/年	15000欧元/年
拉玛德隧道(La Ramade tunnel)	沙特尔至波尔多圣让	1886—1890	中心排水沟+两侧排水边沟	位于地下水位以下	硬石灰石碎石	碳酸盐沉积在边沟中,且水渗流到隧道内	—	—	—
塔泰吉耶隧道(Tartaiguille tunnel)	沙丰德至莱庞萨德斯	1995—1998	中心排水沟+两侧排水边沟	位于地下水位以上	模筑混凝土,喷射混凝土临时衬砌	—	每年清理一次	—	—
厄尔明挖隧道(Eurre-cut and cover tunnel)	瓦朗斯至罗马	1996	两侧排水边沟	位于地下水位以上	隔膜墙	碳酸盐沉积在边沟中	人工刮除	—	—

续上表

隧道名称	国家或地区	修建年份	排水系统	地下水位	衬砌材料	结晶现象	处治措施	清理频率	维护花费
南特伊隧道(Nanteuil tunnel)	勒塞克至斯特拉斯堡	1845—1849	中心排水沟+两侧排水边沟	—	石灰石瓦砾	大部分排水管被碳酸盐部分或完全阻塞	人工刮除	—	—
梅西兹隧道(Meyssiez tunnel)	里昂至瓦朗斯	1995—1998	中心排水沟+两侧排水边沟	位于地下水位以下	模筑混凝土,喷射混凝土	碳酸盐沉积在边沟中,且水渗流到隧道内	机械清理	—	—
拉莫特隧道(La Motte tunnel)	芒特朱利至瑟堡	1854—1856	中心排水沟+两侧排水边沟	位于地下水位以上	喷射混凝土	边墙上有碳酸盐沉积,且边沟中碳酸盐沉积达10cm	酸溶解	—	无特定维护
加劳尔隧道(Galaure tunnel)	利西厄至梅济登	1990—1993	中心排水沟	—	喷射混凝土	碳酸盐沉积在边沟中	—	—	—
北限子隧道(Beiweizi road tunnel)	中国	2002	中心排水沟	—	喷射混凝土	YK93+253~YK93+266中心排水沟的下半部分被碳酸钙堵塞;YK93+376.6电缆排水沟的水溢出,有结冰现象	—	—	—
卡卢尔隧道(Caluire tunnel)	科尔隆·方丹至里昂	1883	中心排水沟+两侧排水边沟	位于地下水位以下	石灰石瓦砾,高孔隙率砂浆	碳酸盐沉积在边沟中,地下水渗流到隧道内	使用特殊药剂处治	—	—

中的关键作用。结果发现,碳酸钙结晶主要发生在沉积岩中,为了进一步分析,定义了可以量化隧道的结晶水平和主要影响因素的经验指标。结果表明:碳酸钙沉淀不仅取决于围岩的水力传导率和方解石含量,与衬砌材料性质和隧道几何形状也有很大的关系;贾能等[25]通过对法国某铁路路段出现结晶堵塞现象的调研,发现排水管结晶堵塞是导致铁路隧道积水渗水最主要的原因,而后进行了14 个月结晶体沉积量和降雨量的关系试验,结果表明,排水管结晶量与降雨量没有必然联系,但与渗透材料性质有很大的关系。林根勇等[26]认为隧道排水管内结晶体主要是因为石灰石中的氢氧化钙与空气中的二氧化碳发生反应生成碳酸钙,积存在排水管中形成。另外,细小颗粒在土工布上的堆积降低了土工布的渗透系数也是排水管堵塞很重要的原因。

叶飞等[27]通过对云南某在建隧道地下水、初期支护表面渗流水点、排水管流出溶液的长期监测,将水流流量分为小、中、大三种,表明水流量大小与渗流离子浓度和结晶体堆聚能力有关,是影响排水管中结晶体堵塞生成的重要因素。田崇明等[28]统计的总长度达 5400m 的单线单侧隧道中,结晶段落达 940m,占比 17.4% 。其中,以大量结晶和较多结晶为主导,大量结晶和较多结晶段落占总结晶段落的 81% ;渗水类型以微少量渗水为主导,微少量渗水结晶占总结晶段落的 74% 。由此可见,该隧道结晶段落占比大,情况很严重,同时调研过程中发现,不同区段结晶量不同,这可能与该区段地下水质和混凝土性状有关。同时,对初期支护渗出水、排水管流出溶液水样进行分析,发现 $NaHCO_3$型地下水在建隧道结晶现象严重,结晶体成分为 $CaCO_3$,初期支护表面渗流水点、排水管流出溶液 pH 值很高;流速越大,对结晶体剥蚀率的影响越显著,使得结晶体不容易附着在排水管壁上;一般情况下,水流流速越小,结晶量越大。

三、理论研究方面

研究者从碳酸钙结晶动力学角度对结晶过程进行研究,如唐纳森(Donaldson)等[29]研究了磁场对海水结晶的影响,结果表明颗粒尺寸越大,沉淀物总量越少;东谷(Higashitani)等[30]利用光散射方法,研究磁场对过饱和溶液及粒度的影响,发现磁处理技术对颗粒的成核过程有抑制作用,产生晶粒数量少但体积大;苏联以克拉辛为代表的学者[31]认为磁处理有利于碳酸钙均相成核,加快结晶,生成晶粒数量多、体积小;哈森(Hasson)等[32]则称磁处理没有效果,对于碳酸钙成核和生长过程均无影响;尹先清等[33]通过室内试验并运用饱和指数法和稳定指数法提出可以通过调节水溶液的 pH 值来控制成垢离子的化学平衡,使碳酸盐类处于介稳区,从而使水溶液中无法形成结晶体。

林德(Rinder)等[21]通过元素、同位素、试验模拟等方法多角度阐述了奥地利三处隧道排水系统内形成碱性溶液的原因以及排水管内白色结晶体的形成机理,认为排水管溶液的组成主要取决于地下水和混凝土材料中的化学成分;周卓[17]从气候因素、生物因素、地质构造及围岩因素、工程因素四个方面对隧道排水管堵塞原因进行了分析,并利用经验公式及 DBL 理论公式计算了排水管内沉淀结晶物的结晶速率;蒋雅君等[34]从碳酸盐岩的岩溶动力系统角度分析了岩溶隧道排水系统堵塞的原因,认为岩溶隧道排水系统结晶堵塞的影响因素主要包括 CO_2分压、流速、温度、pH 值、离子种类、浓度等。

四、试验研究方面

埃里克·伊(Eric Yee)等[35-36]通过改善基材和涂层的方式,发现 PTFE(聚四氟乙烯)涂层预防排水管结晶堵塞效果是最好的;郑赫相(Hyuk-sang Jung)等[37]利用布朗量子力学原理的量子棒和磁化装置,通过改变碳酸钙颗粒的形态来控制结垢,结果表明,在低流速水流的情况下,磁化装置的预防效果不显著;艾耶(Iyer)等[38]、贾恩(Jain)等[39]研究了掺有硅粉或粉煤灰的水泥浆或砂浆的钙浸出特性,并分析了矿物外加剂对试样抗侵蚀性能的影响。于清浩[40]为了研究隧道在海水渗流作用下排水系统的堵塞情况,利用室内试验模拟了两种作用条件下隧道排水系统的堵塞情况:一种是海水单因素渗流条件下的堵塞情况;另一种是海水与隧道初期支护、围岩相互作用多因素条件下的堵塞情况,试验结果表明,隧道排水系统堵塞的主要原因是海水的结垢作用和泥沙沉积作用。

重庆交通大学向坤[41]课题组通过室内试验对碱性环境下排水管结晶规律、排水管材质优化等方面进行探究,如图 1-16 所示。研究表明,结晶量随水溶液 pH 值的增大而增大,同时受到水溶液 pH 值和水管充水状态的耦合影响;pH 值越大时,结晶体晶型以纺锤形为主,堆积紧密、晶粒尺寸小且均匀。毛平平[42]通过室内试验发现管道材质对结晶诱导期和热阻曲线上升趋势都有较大的影响,如铁质管道比塑料管道结晶诱导期短,磁场强度对溶液中的结晶行为影响较大,磁场强度越大,结晶诱导期越长。高英杰[43]发现一定浓度的盐类如 NaCl、KCl 等对 $CaCO_3$结晶具有一定的抑制作用。当 NaCl 浓度达到 100g/L、KCl 浓度达到 140g/L 时,其对碳酸钙结晶的抑制效果最佳;超过此浓度时,碳酸钙溶解度反而有所下降。当 pH 值为 8 ~ 12 时,pH 值越低,越不容易结晶。赵鹏等[44]采用物理清洗的方法,利用高压水清洗排水管壁上的结晶沉淀,并研制了排水系统疏通设备,室内和现场试验均验证了该设备对隧道排水管道结晶体的清理效果良好。排水系统疏通设备如图 1-17 所示。

图 1-16 室内模型试验图

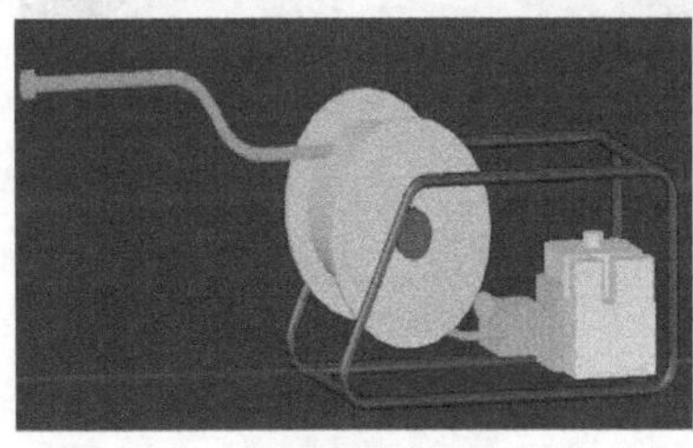

a)疏通设备结构

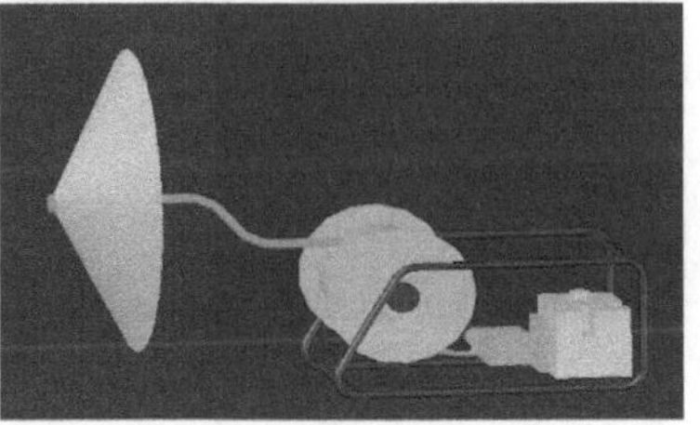

b)清洗工作状态

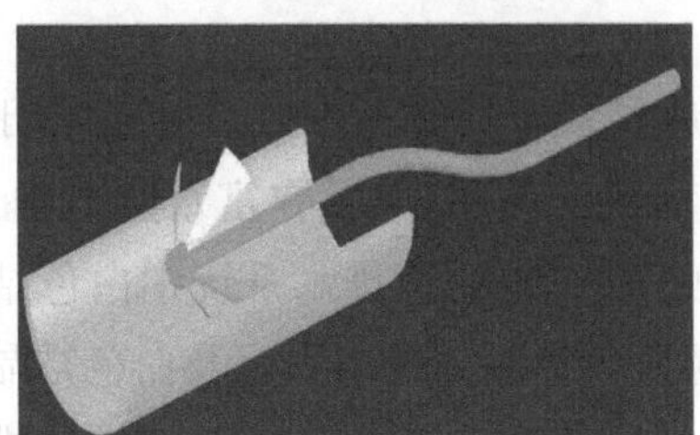

c)喷头管内喷射状态

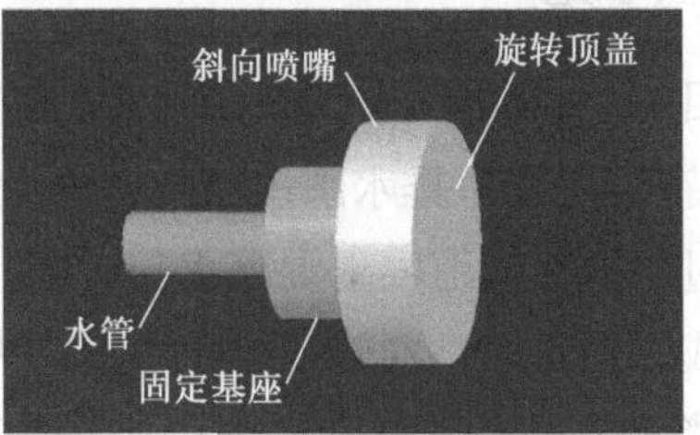

d)喷嘴结构

图 1-17 疏通设备示意图

针对在建隧道,叶飞等[45-46]从隧道喷射混凝土材料和地下水水质角度出发,开展了富水隧道排水系统渗流结晶全过程室内模型试验研究,通过自主研制的可真实模拟隧道初期支护混凝土、地下水渗流、隧道排水系统的试验装置,成功再现了在建隧道排水管结晶堵塞现象。图 1-18 所示为室内试验模拟出的初期支护表面的结晶情况,图 1-19 所示为排水管中的结晶沉积情况。该试验进一步证明了隧道排水管中结晶体的主要成分是碳酸钙,得出碳酸钙中钙主要来源于喷射混凝土的结论;同时表明了地下水中富含重碳酸盐时,排水管中结晶体的生成速率将更快。叶飞等[47]利用 $L_{16}(4^5)$ 正交试验和极差分析方法研究喷射混凝土基本配合比、粉煤灰掺量、硅灰掺量、速凝剂掺量、减水剂掺量五个因素对混凝土渗流结晶的影响,结果表明影响其渗流结晶的因素依次为喷射混凝土基本配合比、粉煤灰掺量、硅灰掺量、减水剂掺量、速凝剂掺量,并由此得到了最优配合比。

图 1-18 初期支护表面结晶体

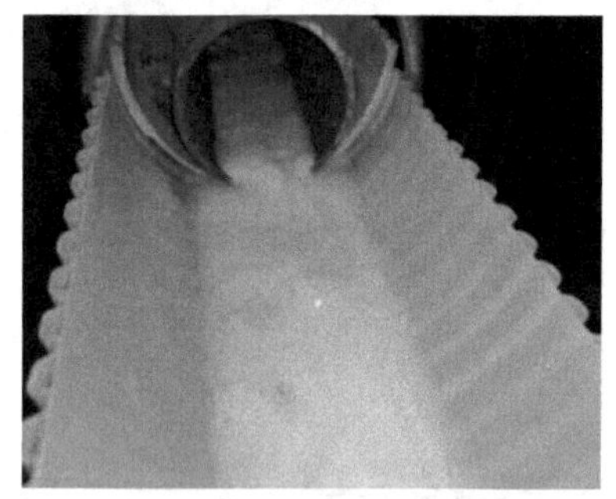

图 1-19 排水管中结晶体

五、小结

目前,对于混凝土的抗渗性和碳酸钙成核效应的研究较为深入,但由于隧道具有特殊性,隧道排水系统在隧道建设过程中已使用,尤其在富水隧道中,围岩水体过早地与隧道喷射混凝土长时间接触,会加剧隧道排水系统中白色结晶体的生成。但目前针对隧道排水系统中大量白色结晶体的成因以及白色结晶体的沉积堵塞过程等问题还没有定论,研究成果还停留在表象。只有将隧道排水系统结晶堵塞机理研究透彻,才能有针对性地防治此类病害。

在美国,公路隧道由 FHWA(美国联邦公路局)管理,FHWA 提供定期清洗和处治排水系统的标准服务,一般每年会使用清洁设备对隧道进行两次清洗,以清除排水管或凹槽入口处的碎片、碎屑、结晶等沉积物。但我国由于对隧道排水管结晶问题的研究较晚，现行规范没有针对该类问题对公路隧道排水系统设计、施工、运营等进行相关约定，同时对隧道结晶堵塞病害的处治还缺乏有效、可行的手段。

第二章　国内外隧道排水系统结晶堵塞典型案例分析

第一节　韩国多条旧隧道和首尔 Namsan 3 号隧道的排水系统处理案例[37]

一、案例概要

该案例是对韩国多条旧隧道和首尔 Namsan 3 号隧道的排水管堵塞进行分析。其中,研究者认为排水管中的沉淀物主要是由隧道混凝土衬砌的劣化、降解而产生的。劣化、降解是由混凝土材料与地下水之间的化学反应引起的。如果隧道排水管中的堵塞情况严重,则地下水将不容易流入排水管中,隧道衬砌背后的地下水没有合适的排出途径。这将使地下水位上升,导致隧道承受较高的水压,从而影响隧道的结构安全。

排水性能下降不仅会对隧道的结构稳定性产生影响,还会带来额外的维护问题。到现在为止,防止隧道排水管出现水垢的技术还很少。该案例中的研究者参考了油管等工业设施的水垢处理技术,发现两项有价值的技术:一项是利用布朗量子力学原理的量子棒进行结晶体的处理,另一项是通过改变碳酸钙粒子的形式来抑制结垢的磁化装置。为了改善隧道排水管中的堵塞问题,研究者介绍了这两项技术的基本原理,并在试验室开展了测试,利用 SEM 和 XRD 分析结果对测试过程中产生的沉积物进行评估,试验结果表明:量子棒法除垢效果更加显著。

二、背景介绍

1. R1 ~ R8、S1、S2 旧隧道

在韩国多条旧隧道中,隧道排水管中流出的沉积物主要有四种:红色沉淀物、白色沉淀物、黑色沉淀物和风化物,如图 2-1 所示。红色沉淀物[图 2-1a)]主要在河流附近产生。它与风化的残留土壤有关,在地下水的作用下,细小土壤颗粒随地下水一起流动,逐渐沉积在隧道排水设施上,造成隧道排水设施故障。

白色沉淀物[图2-1b)]主要产生于山地和丘陵地区,通常由断层带加固的浆液和上层裂隙水一起流入所导致。特别是在施工隧道轮廓面和开挖设备交界处,地下水的溶蚀作用使隧道内部产生水垢。黑色沉淀物[图2-1c)]是在靠近地铁站的隧道终点处产生的,主要是白色或红色的沉淀物与水混合而形成的沉淀物,从车站大楼流入隧道内的排水设施中。

沉积物[图2-1d)]是缓慢累积形成的,在排水管内部堵塞3~10年,主要是因为混凝土的可溶成分随着水分迁移而移至混凝土表面,并通过蒸发表面水分和吸收空气中二氧化碳而沉淀下来。在地下水流量大且排水良好区段,没有发现明显的管道结晶现象,但是在地下水流量小的区段,结晶现象较明显,白色晶体严重淤积在隧道侧壁排水口、侧向排水口和排水材料(如无纺布)处,这种情况使排水管的排水功能变差,致使衬砌背后水压力逐渐升高,严重时可能引发隧道内部的安全性问题。

a)红色沉淀物　b)白色沉淀物

c)黑色沉淀物　d)风化物

图2-1 各种类型的沉积物[37]

2. Namsan 3号隧道

该隧道所处地区的地质构造是由南向北发育的侵入花岗岩断层所形成的,黑云母花岗岩分布在玄岩的北侧,黑云母片麻岩分布在玄岩的南侧。图2-2为Namsan 3号隧道横截面,其中Namsan 3号隧道的超挖部分采用了轻质泡沫混凝土进行空腔填充。

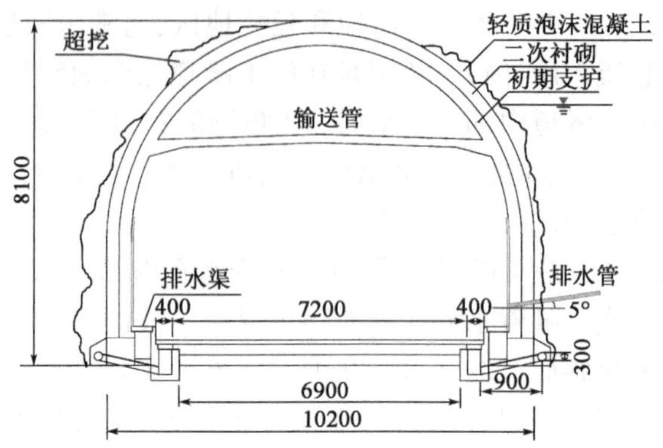

图 2-2　Namsan 3 号隧道横截面[37]（尺寸单位：mm）

1996 年，相关机构对隧道安全性进行了深入研究之后，发现由于裂缝的延伸和地下水的渗漏而引起混凝土严重的劣化，因此对其进行了全面的修复和加固。根据 2002 年的调查资料，由于存在严重的结构性问题，在隧道衬砌背后出现了因溶蚀作用而引发的背后空洞。2005 年，对该隧道使用轻质泡沫混凝土填充衬砌背后的空腔。但随着时间的流逝和地下水的作用，轻质泡沫混凝土逐渐浸出，水垢在隧道排水系统中慢慢积累。当时的处理措施是在旧的排水管中插入一个新的排水管，以改善排水效果，但在混凝土持续的风化作用下水垢不断形成，最终导致新的排水管也发生堵塞。图 2-3a）和图 2-3b）分别显示了导管处的冰柱型结晶物和排水管中的结晶物。

a）导管处的冰柱型结晶物

b）排水管中的结晶物

图 2-3　Namsan 3 号隧道沉积物

对 Namsan 3 号隧道排水管中的结晶物和污水进行化学测试分析（扫描电镜和能量色散 X 射线测试）。测试结果表明：①固体物质的主要成分为 $CaCO_3$、$MgSO_4$等，且 $CaCO_3$对固体沉积物的形成起到了关键作用；②污水中主要的离子

成分为 Ca^{2+}、Mg^{2+}、SO_4^{2-} 等，且当 SO_4^{2-} 含量较高时，恶性结垢的可能性较大。取样样品如图 2-4 所示，水样测试结果见表 2-1。

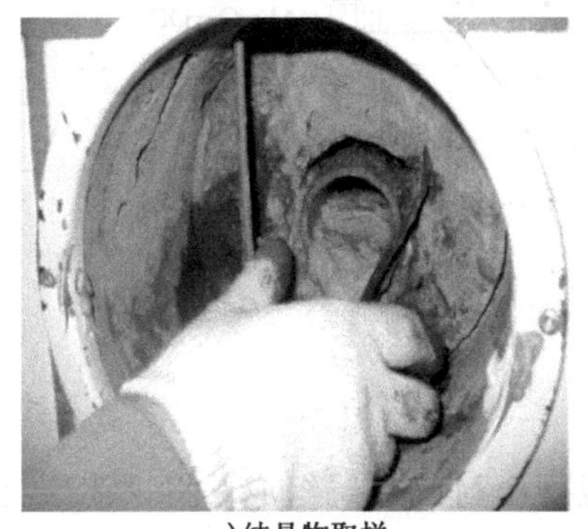
a）结晶物取样

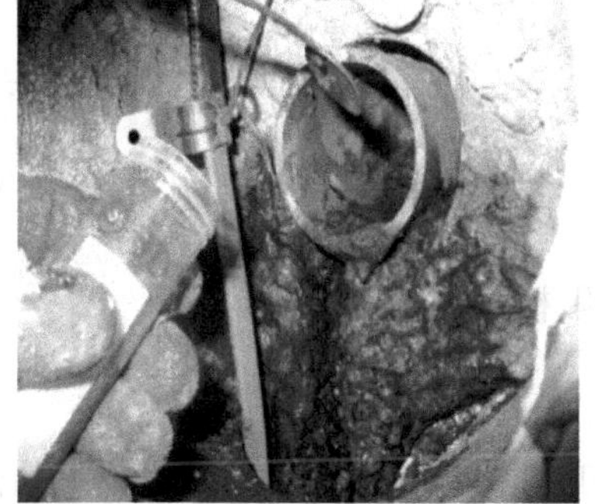
b）污水取样

图 2-4 取样样品

水样测试结果 表 2-1

测点	测试参数										
	pH 值	导电率（μS/cm）	碱度（mg/L）	Na^+ 浓度（mg/L）	Ca^{2+} 浓度（mg/L）	硬度（mg/L）	Mg^{2+} 浓度（mg/L）	Cl^- 浓度（mg/L）	NO_3^- 浓度（mg/L）	SO_4^{2-} 浓度（mg/L）	Si^{4+} 浓度（mg/L）
导管处	8.19	626	50	21.6	108.4	419	35.52	120.5	67.76	168.2	7.2
排水管 1#	8.12	575	41.5	38.2	79.2	360	38.88	87.4	3.81	332.9	7.2
排水管 2#	8.3	634	84.9	43.4	54.8	160	5.39	108	3.60	73.9	9.5

三、碳酸钙结晶机理

在韩国的多条旧隧道中，大多数沉积物的主要成分是碳酸钙，研究人员将其结晶机理归纳如下：

①隧道内流动的非生物污染源（土壤微生物代谢活动产生的 CO_2、NO_2，或者汽车尾气中主要成分 CO、CO_2、SO_3、NO_2 等）影响碳酸盐沉积物的吸附水作用，从而改变了碳酸盐的电解液浓度，这一过程将导致碳酸盐离子聚集结晶。

②混凝土结构中水化生成的 $Ca(OH)_2$ 在隧道内部渗漏的地下水的溶解作用下，与土壤结合并反应，这种反应被称为火山灰效应，如图 2-5 所示。换句话说，由大多数土壤颗粒组成的黏土具有负电荷，其与 $Ca(OH)_2$ 组分中的 Ca^{2+} 结合形成晶体。

③由于邻近沉积物的温度升高且土壤颗粒中吸附水蒸发，土壤颗粒可能形成结晶（胶体→粗化）。

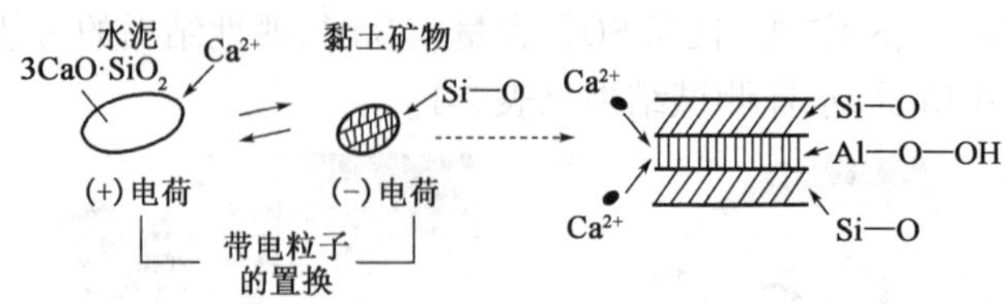

图 2-5 火山灰效应

四、模型试验

1. 装置介绍

旧隧道断面由土层、轻质混凝土和混凝土衬砌三层组成。将这三层材料制备完成后，用亚克力盒将其分开，进而开展试验。试验中的轻质泡沫混凝土采用了与隧道施工中相同配合比和材料的混凝土，然后将混凝土衬砌作为透水混凝土层，用以观察 $CaCO_3$ 和 $Ca(OH)_2$ 的浸出效果。

水箱中的水直接从 Namsan 3 号隧道收集得到，并将其流量控制在 5mL/min 左右；土层尺寸为：高 × 宽 = 60cm × 30cm。轻质混凝土尺寸为：高 × 宽 = 30cm × 30cm。透水混凝土尺寸为：高 × 宽 = 30cm × 30cm。

在亚克力盒的底表面设计了三个孔通道，通道 1 用于观察量子棒的情况，通道 2 用于观察磁处理的情况，通道 3 用于观察空白对照的情况。水可以通过其流量控制阀从水箱顺畅地流过每一层，通过铺设无纺布可以防止大块的土壤流出，试验装置如图 2-6 所示。

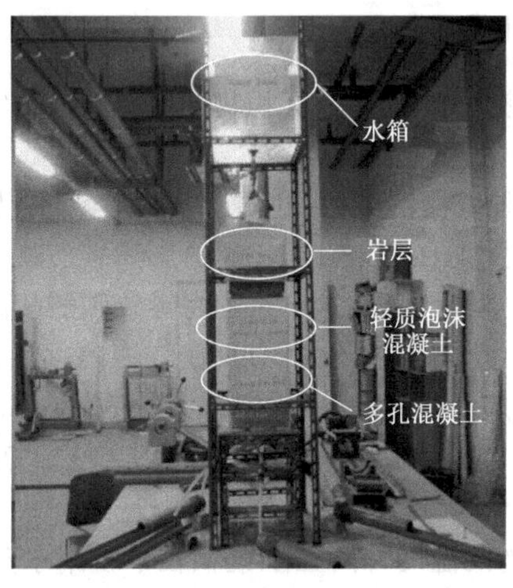

图 2-6 试验装置实物图

从 Namsan 3 号隧道的地层收集土壤样品，并用作试验土壤层。轻质泡沫混凝土也采用在 Namsan 3 号隧道实际维修工作中使用的配合比配制，表 2-2 为轻质泡沫混凝土的配合比。

轻质泡沫混凝土的配合比　　表 2-2

主要成分	质量	材料说明
水泥	18kg	OPC（普通硅酸盐水泥）
砂	1.8kg	—
水	9.9kg	—
泡沫剂	0.198L	高分子聚合物

为了模拟 Namsan 3 号隧道中混凝土衬砌的组成部分，采用混凝土的实际配合比。但是，由于实际工程中混凝土衬砌的渗透性差，渗水时间太长，因此，采用多孔混凝土来模拟实际的衬砌混凝土，通过多孔混凝土与水的化学浸出反应，可缩短 $CaCO_3$ 与 $Ca(OH)_2$ 等相关组分的渗流时长。表 2-3 为多孔介质混凝土的配合比，其中将碎石用作粗集料，并且通过筛分分离粒径小于 12mm 的集料。

多孔介质混凝土的配合比　　表 2-3

主要成分	水	水泥	粗集料
体积（kg/m^3）	96.5	318	1622

2. 测试方法

通过 Namsan 3 号隧道的土层和衬砌混凝土室内试验，分析了量子棒法和磁处理对结晶的处治效果。试验总共分为三组：组一采用量子棒法；组二采用磁处理；组三不做处理，作为空白对照组。根据现场监测结果，隧道排水管的水流流量为 5mL/min，因此控制试验条件下的水流流量也在 5mL/min 左右。此外，排水管采用 PVC 材质，排水管倾角分别设置为 2°和 5°。

3. 试验结果分析

该试验着重于排水管结晶堵塞治理措施方面的研究：用模型试验模拟隧道排水管结晶的过程和现象，然后采用不同治理手段对排水管结晶堵塞进行处治，通过比较处治效果进行处治措施的优化和改进。

(1)SEM 和 XRD 结果分析

SEM 分析结果表明：在未做处理和采用量子棒法两种试验条件下，结晶体的颗粒均为六方状方解石；而经过磁处理的结晶体颗粒为针状方解石，这意味着量子棒对结晶粒形没有影响。

XRD 分析结果表明：在未做处理和采用量子棒法两种试验条件下，均观察到方解石有强烈响应强度；而在磁处理的情况下，文石则表现出较高的强度。

(2)排水管倾角和水流流速的影响

在排水管坡度为2°的情况下，表2-4显示了14d后的试验结果。量子棒和磁处理后的残余结晶体的质量均大于空白对照组，这是因为设备本身在工作状态下对水流速度造成了干扰，导致水流速度变慢，从而结晶体的生成量比未做处理的空白对照组更多。

排水管中残余结晶体的质量(坡度为2°)　　表2-4

试验方法	排水管初始质量(g)	14d 后排水管总质量(g)	生成结晶体质量(增长速率)
量子棒法	480.2	490.0	9.8g(2.041%)
磁处理法	520.1	530.9	10.8g(2.077%)
空白对照组	533.3	539.3	6.0g(1.125%)

与排水管坡度为2°的结果相反，在排水管坡度为5°的情况下，量子棒处理的排水管中的结晶体的残留质量小于其他两种情况(磁处理法和空白对照组)，见表2-5。这是因为水流的临界速度在防止结垢方面起着关键作用。因此，大于5°的坡度对于量子棒这一处理方法的隧道现场应用是合理且有效的。

排水管中残余结晶体的质量(坡度为5°)　　表2-5

试验方法	排水管初始质量(g)	14d 后排水管总质量(g)	生成结晶体质量(增长速率)
量子棒法	480.2	482.5	2.3g(0.479%)
磁处理法	520.1	524.4	4.3g(0.827%)
空白对照组	533.3	537.7	4.4g(0.825%)

五、现场试验

为了验证室内试验方法对隧道排水管中结晶体产生的抑制效果，研究人员进行了现场试验。现场试验在首尔 Namsan 3 号隧道中进行。在该隧道中，大量$CaCO_3$晶体从排水管的径流水中流出，产生了大量的白色沉淀物。现场试验对隧道排水管分别应用磁处理法和量子棒法，然后将其与未做处理的排水管结晶情况进行了比较。

现场试验现象表明：①量子棒法、磁处理法和未做处理的三种试验产生的水垢均较少。在磁处理情况下，有水垢沉积的痕迹，根据排水管中水通量的变化，判断这是水垢在排水管上反复产生和反复被清除造成的。②对于量子棒法,经过一段时间后,可以看到一些结晶物的痕迹,但是大多数都没有以碳酸钙的形式结合。③对于未做处理的情况,试验经过 100d 后,少量的径流水连续排放使排水管上的沉淀减少。当径流水量大时,两种处理技术下排水管中的结晶量并没有太大差异。现场试验最终得到如下结果:①与未做处理的情况相比,在磁处理和量子棒处理的排水管中都存在限制结垢的情况,但磁处理的特性,使得磁处理装置只适用于排水管内地下水流速较大的情况;②对量子棒处理技术而言,无论排水管内水流速度为多少,它对防止结晶形成都将是永久有效的。图 2-7 展示了现场试验结果。

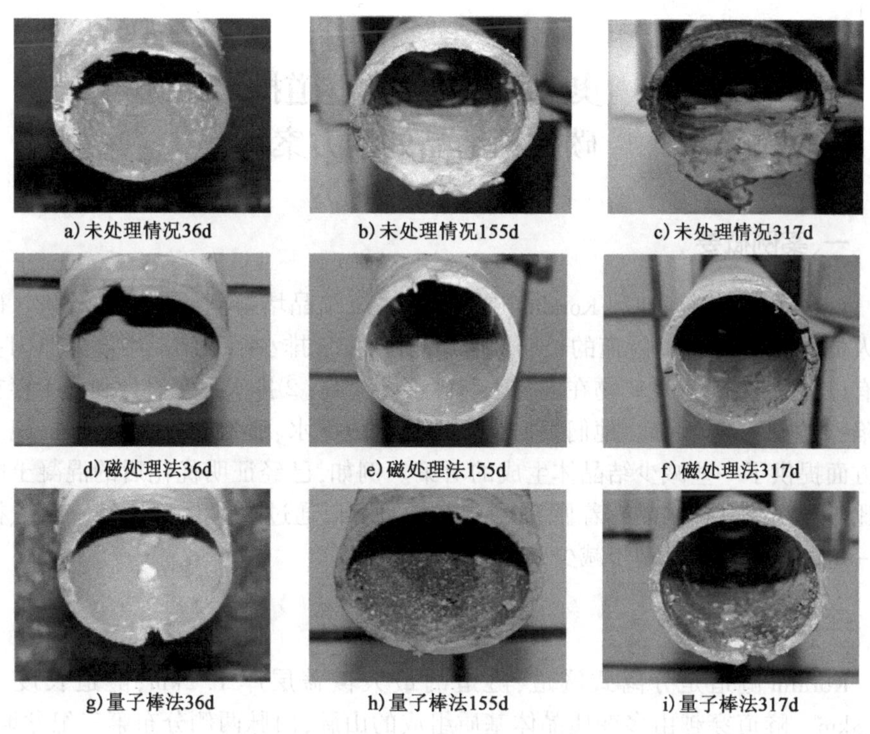
a)未处理情况36d　b)未处理情况155d　c)未处理情况317d
d)磁处理法36d　e)磁处理法155d　f)磁处理法317d
g)量子棒法36d　h)量子棒法155d　i)量子棒法317d

图 2-7　现场试验排水管结晶处治对比图

六、小结

在该案例中,通过室内试验和现场试验,对韩国旧隧道和 Namsan 3 号隧道的排水管结晶堵塞处治效果进行了验证。其所提出的处理技术对旧隧道和 Namsan 3 号隧道的维护管理,特别是对改善隧道排水管结晶堵塞状况具有一定的效果。

①磁化装置和量子棒都可以控制碳酸钙结晶的形成。磁化装置可以改变碳酸钙颗粒的形态,量子棒同样可以利用布朗量子力学原理实现这一目的。

②将磁化装置应用于隧道排水管结晶处治时,限于水流速度,实际作用难以发挥。相反,量子棒法在排水管坡度大于5°的条件下可以达到有效的除垢效果。

③在现场试验中,量子棒法在大、小水流速度条件下都可以达到良好的防垢效果。

④在实际的隧道维护过程中,应根据不同的现场条件来评估上述方法的有效性。

第二节　奥地利 Koralm 隧道排水系统碳酸钙结晶处治方案[21-23]

一、案例概要

该案例主要对奥地利 Koralm 隧道排水系统结晶堵塞问题进行了分析。研究人员通过对 Koralm 隧道的长期调研和测试,发现排水系统结晶堵塞的原因主要有以下几点:①水泥矿物在混凝土和砂浆中溶解;②排水系统设计和施工存在缺陷;③施工工艺粗糙。他们根据试验结果从地下水、喷射混凝土、施工措施三个方面提供了一些减少结晶体生成的对策。例如,已经证明优化后的混凝土配合比对预防碳酸钙结晶有着显著的效果,并且可以通过改进混凝土施工工艺、掺入一定的外掺剂来进一步减少碳酸钙结晶的生成。

二、背景介绍

Koralm 隧道是分离式隧道,隧道的最大覆盖层厚 1.2km,隧道长度为 32.8km。隧道穿越由多变质晶体基质组成的山脉,山脉两侧分布第三纪盆地,盆地主要含碎屑岩和海相沉积物。其中,晶体基质主要由绵长的片麻岩和云母组成,偶尔会出现大理石和闪石。

Koralm 隧道采用 TBM 开挖,对于研究区域中常规开挖段,隧道初期支护采用喷射混凝土,二次衬砌采用现浇混凝土。隧道设计了两个独立的排水系统:一个用于排放地下水,另一个用于收集火车的冷凝水和溢出水。中央排水管直径为 500mm,清洗孔间距为 75m。在每个清洗孔中,安装直径为 100mm 的竖向排水管,给地下水提供进入隧道排水系统的附加路径。此外,在隧道施工中遇到流入的局部地下水要进行收集并将其从单独管道中排出。

三、碳酸钙结晶机理

Koralm 隧道中的沉淀物主要由方解石矿物($CaCO_3$)组成,也有少部分文石($CaCO_3$)和水镁石[$Mg(OH)_2$]沉淀。在方解石沉淀中,检测到微量的镁离子和锶离子,通过方解石晶格中钙离子的同晶取代,两种离子与方解石共同沉淀。沉淀物中的碎屑主要包括岩石碎片和硅酸盐,如亚氯酸盐和石英。

碳酸钙结晶主要发生于地下水在隧道混凝土的渗流过程中,因此,排水管溶液的组成主要取决于地下水和混凝十材料中的化学成分。

碳酸钙结晶的一般机理如下:

(1)石灰石的溶解

排水管溶液主要来自地下水,地下水可溶解天然岩石中的碳酸盐矿物,同时碳酸盐的溶解是通过从地球大气层吸收二氧化碳来实现的。碳酸钙的溶解反应为:

$$CO_2(g) + H_2O + CaCO_3 = Ca^{2+} + 2HCO_3^-$$

溶解通常会产生弱碱性的碳酸氢钙溶液,所溶解碳酸盐的浓度在很大程度上取决于固体碳酸盐的含量。

(2)喷射混凝土内部的反应

地下水与隧道喷射混凝土接触会发生复杂的化学反应。一方面,喷射混凝土中的硅酸盐会溶解,从而导致钙离子浓度和溶液 pH 值增加,水流溶液的 pH 值可达 13 甚至更高;另一方面,可以通过在喷射混凝土中直接生成碳酸钙沉淀和硫酸盐矿物来使钙离子沉淀,这取决于水溶液中硫酸根离子的浓度,喷射混凝土中新形成的硫酸盐矿物可能包括石膏、钙矾石等,在高碱性溶液中,还可以生成水镁石。

(3)碳酸盐沉淀的形成机理

喷射混凝土中硅酸盐在地下水中溶解可引起水流溶液中方解石的沉淀。此外,该隧道岩石主要由黏土和粉砂构成,地下水中含有中等浓度的钙和碳酸氢盐,溶解的钙离子和碳酸氢根离子发生以下反应生成沉淀:

$$Ca(OH)_2 + 2HCO_3^- + Ca^{2+} = 2CaCO_3 \downarrow + 2H_2O$$

当达到方解石的过饱和浓度时,碳酸钙沉淀将不断生成。另外,一旦溶液与外界大气接触,溶液中 CO_2 内部分压控制 CO_2 与外界大气的交换,并将持续地生成碳酸盐沉淀,如图 2-8 和图 2-9 所示。由于排水管横截面减小且悬浮的碳酸盐和不断新形成的结晶体对排水管中水流造成污染，排水系统中的碳酸盐沉淀可能会引起更严重的问题。

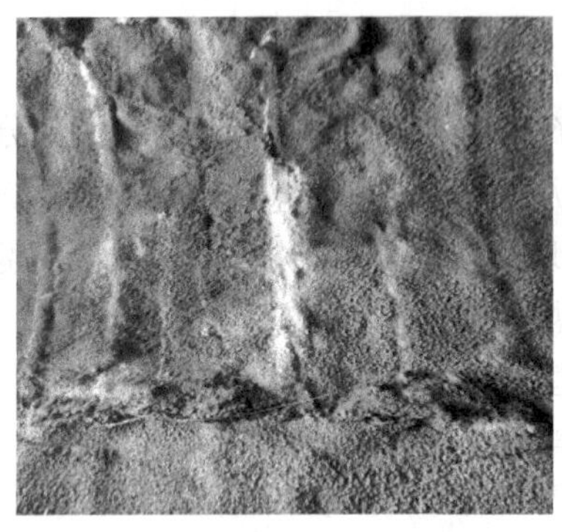

图 2-8　喷射混凝土表面和排水沟中的白色结晶体[23]

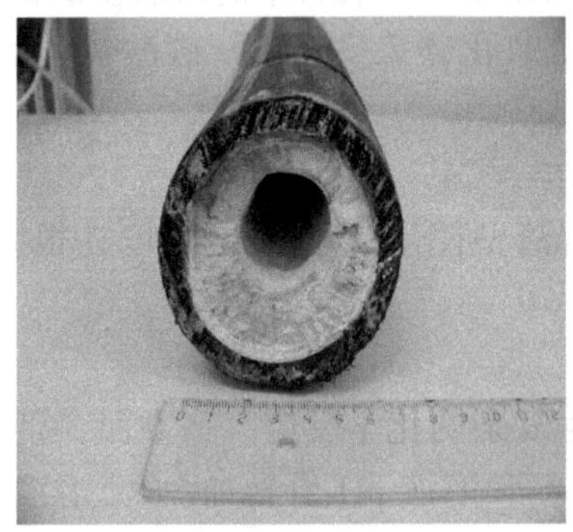

图 2-9　排水管内的白色结晶体[23]

四、地下水水质分析

通过对排水管溶液的取样分析，得到三种类型的溶出水，各类型水质中的离子类型及浓度见表 2-6、表 2-7。

排水管中溶出水的类型[23]　　表 2-6

类型	特　征	主 要 描 述
1	与地下水水质类似	主要阴离子为 HCO_3^-、SO_4^{2-}、Cl^-；主要阳离子为 Ca^{2+}、Mg^{2+}
2	高碱性	地下水与混凝土的强相互作用，通常是低流速，如：D-1、D-12，pH 值急剧升高，Ca^{2+}、K^+、Na^+ 升高，Mg^{2+}、SO_4^{2-} 下降
3	介于类型 1 和类型 2 之间	高流速（相互作用小），化学成分为 1、2 混合组成

地下水水质调研[23] 表 2-7

编号	测试参数												
	电导率(μS/cm)	温度(℃)	pH值	Ca^{2+}浓度(mg/L)	K^+浓度(mg/L)	Mg^{2+}浓度(mg/L)	Na^+浓度(mg/L)	SiO_2浓度(mg/L)	Sr^{2+}浓度(mg/L)	Cl^-浓度(mg/L)	SO_4^{2-}浓度(mg/L)	碱度(mg/L)	$SI_{calcite}$
D-1	1380	17.0	12.26	112.5	30.1	0.2	19.8	3.90	0.55	11.5	14.7	324.6	2.56
D-2	341	12.9	9.38	31.1	12.5	13.2	10.1	8.26	0.19	8.6	27.9	123.6	1.19
D-3	382	13.3	9.72	40.9	15.8	14.8	11.0	7.79	0.19	9.0	22.2	115.5	1.46
D-4	377	13.1	9.67	36.5	15.1	14.8	10.4	7.63	0.18	9.1	24.1	129.6	1.49
D-5	350	13.0	9.40	33.0	12.7	13.6	9.8	8.06	0.18	8.7	26.9	125.4	1.23
D-6	305	14.3	9.14	26.5	11.6	11.3	9.3	6.90	0.5	9.1	36.6	105.3	0.64
D-7	343	12.7	9.29	30.4	13.6	12.4	12.0	8.27	0.21	9.4	32.6	138.1	1.16
D-8	348	12.5	9.36	30.6	13.6	12.3	12.5	8.30	0.21	9.6	32.8	136.7	1.20
D-9	340	12.6	9.42	29.7	13.3	12.2	12.3	8.27	0.22	9.2	36.5	123.0	1.19
D-10	441	14.7	7.99	54.0	1.7	20.4	4.9	8.45	0.13	7.3	48.5	221.0	0.45
G	398	13.7	7.60	42.6	2.9	14.5	7.0	10.7	0.11	14.8	30.8	103.1	-0.26
D-11	1030	9.3	12.06	64.2	22.4	0.4	19.3	11.0	0.52	1.2	2.7	279.4	1.66
D-12	2330	9.0	12.45	156.1	45.6	0.1	26.1	1.4	1.10	0.8	2.2	572.4	0.84
D-13	250	11.0	7.73	31.3	2.9	8.0	9.8	18.1	0.14	2.3	12.4	140.8	-0.24
D-14	249	11.4	7.75	31.3	2.8	8.3	10.2	18.3	0.14	2.4	12.6	140.3	-0.21
D-15	246	11.2	7.64	32.5	3.0	8.7	11.0	18.4	0.14	2.3	12.5	139.8	-0.31

类型 1 代表化学成分类似于当地地下水的排水溶液(表 2-7:溶液 D-10 和 D-15)。在这种情况下,地下水与喷射混凝土之间的相互作用弱,主要阳离子为 Ca^{2+}和 Mg^{2+},主要阴离子为 HCO_3^-、SO_4^{2-}和 Cl^-,次要的微量元素成分分别为 Na^+、K^+以及 Sr^{2+}。

类型 2 代表高碱性溶液,溶液由地下水与喷射混凝土强烈作用而得到(表 2-7:溶液 D-1 和 D-12),这些溶液通常具有低流速的特点。与地下水相比,类型 2 的溶液通常缺少 Mg^{2+}和硫酸盐,但在 pH 较高时富含 Ca^{2+}、Na^+、K^+等。

类型 3 代表在排水系统中高流速溶液(表 2-7:溶液 D-2 和 D-3)。类型 3 溶液的化学组成可以通过类型 1 和类型 2 溶液的混合物或通过溶液与喷射混凝土的化学反应得到。

总体来说,低流速导致喷浆处溶液停留时间增加,在类型 2 方案中,溶液的 pH 值高是因为在喷射混凝土中溶解了大量的硅酸盐水化产物,如 $Ca(OH)_2$。对于高流速类型 1 和类型 3 溶液,溶液与喷浆矿物间的相互作用较小。因此,类型 1 和类型 3 溶液的 pH 值低于类型 2 溶液。

2007 年 11 月取样的几份排水溶液中,方解石处于不饱和状态,表明方解石发生的是溶解反应而不是沉淀反应。然而,高碱性溶液和高过饱和溶液(表 2-7 中溶液 D-14 和 D-15)的出现表明溶液与喷射混凝土之间存在着强烈且持续的相互作用。

五、影响因素及处理措施

影响碳酸钙结晶的主要因素有地下水组分、隧道喷射混凝土材料、施工措施,为了减少隧道建设初期碳酸钙结晶体生成,应特别注意这些影响因素。

(1)地下水组分

地下水的化学组分以及地下水的矿物离子饱和度对混凝土内部物质溶解的影响很大。在 Koralm 隧道中,通过在施工后进行特定水质监测,可以识别出结晶可能性高的区域和结晶可能性低的区域,然后分别有针对性地采取相应措施。例如,地下水可以通过抑制剂,如聚天冬氨酸或聚琥珀酰亚胺进行处理,可在胶体中产生沉淀,而不会在排水系统中形成硬垢。

研究发现,在某一隧道具有的特定水质条件下,最有效的解决结晶堵塞的方法是用液体稀盐酸来处理隧道排水系统。盐酸与结晶体反应导致方解石溶解。因此,特定的水质监测计划应成为隧道建设的重要部分。此外,抑制剂的开发、应用剂量在很大程度上取决于隧道项目的特定地下水条件,应为每个项目量身定制解决方案。

(2)隧道喷射混凝土材料

隧道中碳酸盐结晶与混凝土的关系密切。试验表明,使用具有低含量的硅酸盐和硫酸盐活性矿物以及低渗透性的喷射混凝土,可减少碳酸盐结晶。

基于 Koralm 隧道的研究,使用低水硬性水泥可减少水泥水化过程中硅酸盐的形成。同时,使用无碱速凝剂以及优化喷射混凝土配合比等措施都能达到减少钙溶出的目的,这些改进措施已被纳入奥地利国家指南[23]。

这种优化喷射混凝土配合比为 280kg/m^3 的 CEM Ⅰ 52.2R、140kg/m^3 的 AHWZ

(对结晶体的生成有抑制效果的功能性材料,如粉煤灰)和约7%质量百分率的硫酸铝型速凝剂。水和喷射混凝土相互作用试验已经验证,这种特定配合比的喷射混凝土可以显著减少 Ca^{2+} 和 OH^- 在溶液中的释放量。与普通喷射混凝土相比,通过应用上述配方,Ca^{2+} 的释放量可减少约65%。同时,另外两种特定配合比的混凝土,如320kg/m^3的CEM Ⅰ52.5R、110kg/m^3的AHWZ,40kg/m^3的钢纤维和320kg/m^3的CEM Ⅰ52.5 R、102kg/m^3 AHWZ,也显示出优异的早期性能和预防结晶的能力。

此外,对于盾构或TBM隧道而言,由于其具有致密的混凝土结构和较长的凝结时间,结晶问题并没有引起很大的关注。但是,在机械开挖中,使用了大量的回填砂浆,而这些用于灌浆和锚固的砂浆具有很大的结晶潜力。例如,根据瑞士Lotschberg隧道和HSR Frankfurt-Koln隧道的报告,由于采取了灌浆措施,每个地区都出现了重度结晶物沉积这一问题。

因此,必须进一步进行上述喷射混凝土材料优化的研究,从而预防隧道混凝土出现结晶。在奥地利市场上已经可以买到的定制的混凝土和砂浆,如TIWO-FILI砂浆,其表现出令人满意的效果,但是进一步的研究(如Semmering Base隧道施工状况)表明,其仍有较大的改进空间。

(3)施工措施

排水溶液中 $CaCO_3$ 沉淀机理表明,应尽量减少排水系统与大气之间 CO_2 的交换,同时需要避免溶液的湍流。此外,易于检查和清洁的排水系统通道应属于隧道前期设计的一部分。例如Koralm隧道,主排水管直接位于轨道中心线下方,可以轻松进行铁轨检查和清洁,并且通过使用滤石减少水泥的添加量(小于200kg/m^3)。这些措施必须依靠人工来实施,以避免地下水流动路径被滤石阻塞,通过这种方法,可以大大减少 $CaCO_3$ 的沉淀。

如果排水系统中有残余的沉淀物,可以用阻垢剂进行处理。一旦在排水系统中形成了碳酸盐结晶,就必须以合理的排水设计排出溶出液并简化清洁流程,这对于隧道系统的经济高效维护至关重要。管道的布置应平整,井距小,排水管内径要足够大,并且管壁应光滑,不应有任何损坏。

六、小结

隧道排水系统经常被方解石沉淀物堵塞,检查和清洁的费用对于运营公司来说是较高的。在奥地利进行的多年调查和现场试验表明:排水溶液中溶解的钙来自地下水,尤其是喷射混凝土和砂浆中的硅酸盐溶解。通过使用定制的喷射混凝土,可以显著减少沉积物的形成。与特定的地下水条件相匹配,这些定制的喷射混凝土已成功应用。此外，通过设计一种避免湍流并减少与外界大气接触的排水管，也可以大大减少碳酸钙的沉淀，同时有利于隧道排水系统的维护，这有利于降低隧道运营成本。具体实施措施如下：

①地下水可通过添加抑制剂进行处理，如聚天冬氨酸或聚琥珀酰亚胺，可以避免排水管中形成碳酸盐沉淀。

②定制混凝土和砂浆：低含量的硅酸盐和硫酸盐活性矿物以及低渗透性的喷射混凝土可以用于预防形成碳酸盐结晶。

③施工方面：应减少排水系统溶液中 CO_2 与大气中 CO_2 的接触交换。此外，易于检查和清洁的排水系统设计应尽快实施。

第三节　国内典型案例分析——云南南腊隧道调研情况

一、案例概要

南腊隧道设计为分离式隧道，左幅起讫桩号 K4 + 000 ~ K7 + 255，全长 3254.68m；右幅起讫桩号 YK4 + 000 ~ YK7 + 285，全长 3285.11m，为特长隧道，最大埋深达 288m。隧址区地形陡峻，海拔介于 790 ~ 1170m 之间，相对高差大于 330m，切割深度为 150 ~ 300m，由古生界、中生界砂、泥岩相间组成，多为向斜山和断裂谷地，山坡上部较为平缓，下部较陡，坡脚坡度一般大于 20°，地表植被茂盛，现多为原始森林。河谷呈“V”形，岩层节理裂隙发育，局部形成峭壁，属中浅切割低山地貌。

隧址内地下水以碎屑岩裂隙水为主，其次为松散岩类孔隙水。碎屑岩裂隙水含水层属地下潜水，径流模数 4.39 ~ 4.7L/(s · km^2)，富水性强，埋深较小（多小于 20m）。碎屑岩裂隙水补给以大气降水为主，少量为松散层孔隙水补给，主要赋存于砂岩中，与泥岩段交替分布，其中砂岩段占比约 66%。孔隙水赋存于第四系松散堆积层中，雨季时形成上层带滞水，易软化土体，降低土体强度。勘察阶段对地下水、地表水水样进行水质检测，根据检测结果判定：地下水对混凝土结构具有微腐蚀性，地下水对钢筋混凝土结构中钢筋具有微腐蚀性。

该隧道建设过程中一直伴随着结晶堵塞问题。2018 年 8 月中旬，排水管出现结晶体淤积现象，多处排水管被结晶体堵塞，对整个排水系统造成极大危害，而且给隧道建成通车后的运营埋下了极大隐患。该隧道结晶堵塞原因较为复杂，经过长时间的观察和试验研究，发现堵塞既与地下水水质、水流速度和隧道内二氧化碳浓度有关，也与初期支护喷射混凝土有关。图 2-10 为该隧道施工过程中出现的结晶情况。

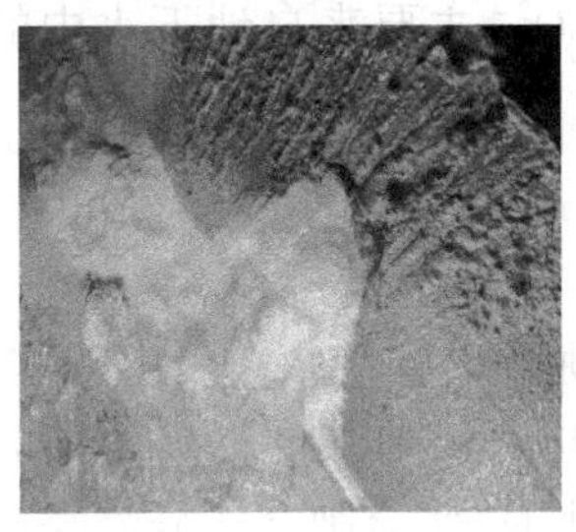

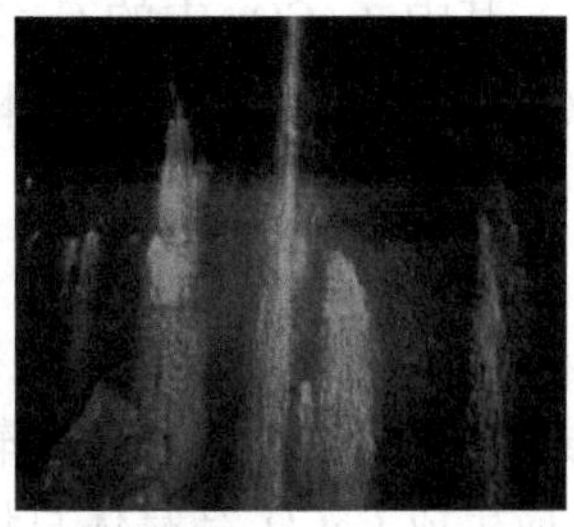

图 2-10　排水管出口、排水边沟、初期支护喷射混凝土表面的结晶现象

二、结晶机理探析

经检测后发现，隧道地下水 pH 值约为 7.20，Ca^{2+} 含量约为 21mg/L，HCO_3^- 含量高达 250mg/L，CO_3^{2-} 含量约为 14mg/L，Cl^- 含量约为 1mg/L，SO_4^{2-} 含量约为 6mg/L。地下水中 Cl^- 和 SO_4^{2-} 等侵蚀性离子含量很少，但含有大量的 HCO_3^-，这是该隧道出现结晶问题的重要原因之一。

隧道初期支护施工时，采用华新堡垒普通硅酸盐水泥 P·O 42.5。普通硅酸盐水泥熟料通常由硅酸三钙（$3CaO \cdot SiO_2$，简写为 C_3S）、硅酸二钙（$2CaO \cdot SiO_2$，简写为 C_2S）、铝酸三钙（$3CaO \cdot Al_2O_3$，简写为 C_3A）和铁铝酸四钙（$4CaO \cdot Al_2O_3 \cdot Fe_2O_3$，简写为 C_4AF）等矿物组成，硅酸三钙和硅酸二钙是水泥的主要成分，其水化反应如下式所示：

$$3CaO \cdot SiO_2 + nH_2O \xlongequal{} xCaO \cdot SiO_2 \cdot yH_2O + (3-x)Ca(OH)_2$$

$$2CaO_2 \cdot SiO_2 + mH_2O \xlongequal{} xCaO \cdot SiO_2 \cdot yH_2O + (2-x)Ca(OH)_2$$

在水泥水化早期，C_3S 发生剧烈的水化反应，生成大量的 $Ca(OH)_2$；在水泥水化后期，C_3S 水化速率趋于稳定。C_2S 的水化与 C_3S 相似，但水化速率慢得多，为 C_3S 的 1/20 左右，在长龄期的水化中发挥重要作用。喷射混凝土水化过程是漫长的。当地下水流经初期支护时，水中大量的 HCO_3^- 与初期支护混凝土中的 $Ca(OH)_2$ 反应生成碳酸钙结晶，反应方程式见下式：

$$2HCO_3^- + Ca(OH)_2 \xlongequal{} CaCO_3 \downarrow + H_2O + CO_3^{2-}$$

结晶体在水流的作用下，流进纵向排水管和横向排水管，在水流较缓部位沉淀下来，造成排水管堵塞。部分 $Ca(OH)_2$ 也会在地下水水压的作用下顺着毛细水孔隙被带出，汇集到纵向排水管中再流入横向排水管，与隧道内空气中的 CO_2

反应生成 $CaCO_3$，反应方程式见下式：

$$Ca^{2+} + 2OH^- + CO_2 \xlongequal{} CaCO_3 \downarrow + H_2O$$

其中，$CaCO_3$ 中的 Ca^{2+} 主要来自水泥水化产物，CO_3^{2-} 主要来自地下水中的 HCO_3^- 和隧道内的 CO_2 气体。

三、水流量的影响

地下水在隧道初期支护混凝土渗流过程中，逐渐带出喷射混凝土中游离 $Ca(OH)_2$。当地下水流量较大时，水中含有的 HCO_3^- 也较多，HCO_3^- 与 $Ca(OH)_2$ 反应生成 $CaCO_3$结晶体总量也较大；当地下水流量较小时，水流则会充分流经初期支护混凝土，溶解并带走喷射混凝土孔隙中大量的 $Ca(OH)_2$。根据水流流量的不同，地下水溶出 $Ca(OH)_2$ 和 $CaCO_3$ 的含量亦不同，其结晶原理和程度也略有不同。

隧道围岩多为泥岩和砂岩，并非岩溶区或喀斯特地貌。对隧道多个区段的掌子面进行取样和化学分析，主要分析地下水的 pH 值，以及 Ca^{2+}、Mg^{2+}、CO_3^{2-}、HCO_3^-、Cl^-、SO_4^{2-} 浓度和地下水流量，分析结果见表 2-8。

隧道地下水取样分析　　表 2-8

测点	测试参数							
	pH 值	Ca^{2+} 浓度（mg/L）	Mg^{2+} 浓度（mg/L）	CO_3^{2-} 浓度（mg/L）	HCO_3^- 浓度（mg/L）	Cl^- 浓度（mg/L）	SO_4^{2-} 浓度（mg/L）	流量（mL/s）
1#	7.52	24.77	12.30	12.45	256.21	0.95	6.21	23.81
2#	7.31	20.50	11.72	18.15	317.23	0.90	6.18	29.41
3#	7.45	20.51	11.62	12.86	262.35	0.93	6.20	38.46
4#	7.38	20.65	11.86	6.24	237.98	0.84	6.15	32.26
5#	7.62	20.13	9.58	12.47	250.17	0.99	6.20	41.67
6#	7.27	20.24	10.20	12.20	311.10	1.05	6.05	21.28
7#	7.49	24.20	8.98	18.51	274.54	1.08	5.92	27.78
8#	7.57	19.56	10.22	12.50	256.26	0.87	5.87	38.46

为了探究流量对结晶量的影响，统计多组流量数据，并将此归纳为小流量水流、中流量水流和大流量水流。

（1）小流量水流

经现场长期监测发现，当地下水流量极小（小于 1mL/s）时，地下水在隧道初期支护混凝土表面主要呈点滴状或面状渗流。渗流过程中，由于点滴状或面状渗水在喷射混凝土表面长时间滞留，形成白色结晶体，如图 2-11 所示。事实证明，小流量水流与喷射混凝土充分接触，喷射混凝土的水化产物 $Ca(OH)_2$ 更易溶解，导致水流 pH 值升高，从而促进 $CaCO_3$ 的生成。流量越小，地下水在初期支护混凝土内部裂隙中滞留的时间越长，沉淀反应越充分，流量极小时，结晶体则会滞留在混凝土内部裂隙中，从而封堵混凝土内部渗流通道。

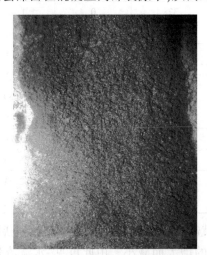

图 2-11　喷射混凝土表面地下水渗流产生的结晶体

(2)中流量水流

当水流为中等流量(1 ~ 40mL/s)时，围岩水充分与初期支护混凝土接触，将反应产物 $CaCO_3$ 冲出，在流经喷射混凝土表面时，由于喷射混凝土表面粗糙，在凹凸不平处水流速度变小，结晶物易滞留在喷射混凝土表面。同样地，结晶沉淀物也更容易在排水管凹凸处沉积。同时，反应后的水流流出后，Ca^{2+} 和 OH^- 浓度较低，部分也会与 CO_2 反应生成 $CaCO_3$ 结晶体。水溶液监测结果如图 2-12 所示。监测点数据分析见表 2-9。

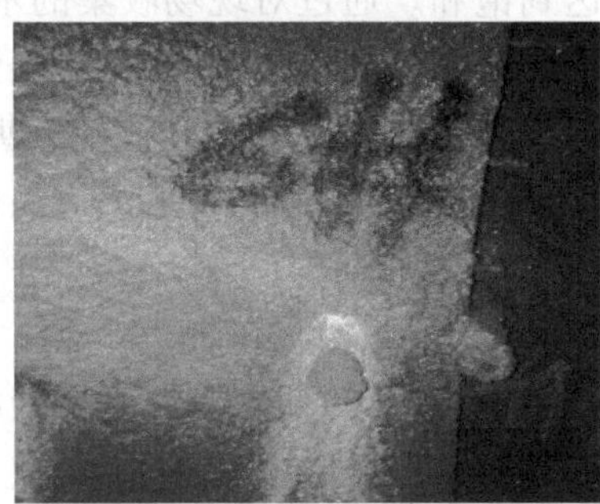
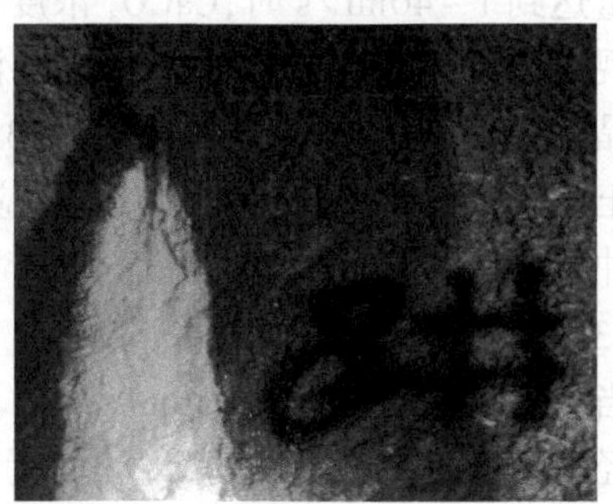

图 2-12　部分监测点结晶图

流量为 1 ~ 40mL/s 的部分监测点数据分析 表 2-9

测点	测试参数				
	pH 值	Ca^{2+}浓度（mg/L）	CO_3^{2-}浓度（mg/L）	HCO_3^-浓度（mg/L）	流量（mL/s）
1#	11.96	332	378	0	1.42
2#	11.81	308	288	0	1.78
3#	11.74	292	270	0	2.14
4#	11.68	260	240	0	5.02
5#	11.41	244	227	0	14.89
6#	11.31	240	228	0	15.59
7#	11.17	255	210	0	22.86
8#	11.02	228	243	0	25.94
9#	10.75	216	258	0	32.31
10#	10.27	227	235	0	37.52

水流流量越大，起到的稀释作用也就越大。水流流过初期支护混凝土后，携带出的 Ca^{2+}、OH^- 和 $CO_3{}^{2-}$ 浓度随流量的增大而减小。由此可见，水流流量对离子浓度和结晶反应有一定的影响，流量增大，各离子浓度基本降低。水流流量为 1 ~40mL/s 时，其 pH 值在 10 ~ 12 范围内，Ca^{2+}浓度和 CO_3^{2-}、HCO_3^-浓度随水流流量变化而不同。由监测点数据可计算 $CaCO_3$的溶度积，见表 2-10。

1# ~ 10#测点 $CaCO_3$的溶度积计算结果（mol^2/L^2） 表 2-10

测点	1#	2#	3#	4#	5#	6#	7#	8#	9#	10#
溶度积	5.229	3.696	3.285	2.600	2.196	2.280	2.135	2.451	2.322	2.604

由各组数据可知，1# ~ 10#测点溶度积均大于 K_{sp}（$CaCO_3$）（25℃），说明当水流流量达到 1 ~40mL/s 时，$CaCO_3$ 浓度已达到饱和。通过对现场收集的水溶液进行观察，发现流经喷射混凝土的水溶液中含有许多结晶体颗粒，密封静置，发现结晶体颗粒会沉淀在瓶底，如图 2-13 所示。分析原因，地下水流经初期支护混凝土过程中，$HCO_3{}^-$与 $Ca(OH)_2$反应直接在渗流过程中产生 $CaCO_3$晶体，被水流冲出，在流速较小位置沉积下来。

（3）大流量水流

当水流流量较大（大于 40mL/s）时，围岩水充分与初期支护混凝土接触，并且流经初期支护混凝土后水溶液中 Ca^{2+}和 OH^-浓度极低，几乎为零。$Ca(OH)_2$浓度极低，不足以与 CO_2反应生成 $CaCO_3$结晶。另外，水流量较大时，$CaCO_3$结晶物易被冲刷流走，不易在管壁滞留。对该隧道大流量排水管溶液进行统计，部分监测点数据分析见表 2-11，由此计算的各监测点 $CaCO_3$溶度积见表 2-12。

图 2-13　取样观察

流量大于 40mL/s 的部分监测点数据分析　　表 2-11

测点	测试参数				
	pH 值	Ca^{2+}浓度（mg/L）	CO_3^{2-}浓度（mg/L）	HCO_3^-浓度（mg/L）	流量（mL/s）
11#	11.64	252	264	0	43.48
12#	11.54	248	192	0	47.62
13#	11.57	244	210	0	52.63
14#	11.52	220	216	0	62.50
15#	10.95	208	168	0	76.92
16#	10.67	200	180	0	76.94
17#	10.23	292	138	0	89.29
18#	10.37	168	84	0	97.09
19#	10.17	144	42	0	104.17
20#	10.02	124	24	0	112.36

11#～20#测点 $CaCO_3$的溶度积计算结果（mol^2/L^2）　　表 2-12

测点	11#	12#	13#	14#	15#	16#	17#	18#	19#	20#
溶度积	2.772	1.984	2.135	1.980	1.456	1.500	1.104	5.880	2.520	1.240

由以上各组数据可知，11#～20#测点溶度积均大于 $K_{sp}(CaCO_3)$（25℃），当地下水溶液流量大于 40mL/s 时，pH 值、Ca^{2+}浓度、CO_3^{2-}浓度基本都小于流量

为1～40mL/s的水溶液的情况,由于地下水自身流量较大,结晶体随水流流出排水管,几乎不会堵塞排水管。由此可见,隧道排水管结晶堵塞问题除与水溶液中的离子浓度有关外,水流量大小也是其重要影响因素,更多的影响因素与机理还需进一步分析与论证。

四、现场处治措施

(1)河砂更改为机制砂

2018年8月,南腊隧道进口段集中出现了大量排水管被结晶体堵塞的现象,鉴于情况十分严重,现场不得不停工分析原因并进行处治。现场用砂为河砂,河砂产地为关累砂场,粒径为0～4.75mm。现场依据《建设用砂》(GB/T 14684—2011)的相关规定,采用快速砂浆棒法鉴定隧道混凝土用细集料的碱活性反应,检测发现河砂中碱活性较高。现场试验室人员通过大板试验,将大板放到掌子面渗水处进行冲刷,发现虽然仍然有结晶生成,但采用机制砂的大板的表面结晶量要少于采用河砂的大板,如图2-14所示,左侧试件为机制砂试件,右侧试件为河砂试件。

图2-14　大板试验结果

(2)液体速凝剂试验

由于现场速凝剂用量较大,推测速凝剂可能也是影响结晶体生成的因素之一。为此,利用低碱液体速凝剂+干喷进行了现场试验,如图2-15～图2-17所示。通过跟踪现场施工过程,发现使用液体速凝剂喷射混凝土,混凝土易垮塌,回弹较大,通过后期排水管中结晶量发现,液体速凝剂对于改善结晶效果并不明显,仍有很多排水管上结晶体生成量很大。原因可能是围岩渗水量较大,液体速凝剂促凝环境较差,很多液体速凝剂可能直接被水稀释或“冲走”,导致促凝效果较差。相比之下,粉状速凝剂“生存能力”较强,在此环境中依然能与水泥较好地黏结,并能起到封堵过水通道的作用。

图 2-15 低碱液体速凝剂

图 2-16 将速凝剂拉运至隧道内

图 2-17 液体速凝剂现场干喷

五、结晶体段落调研

对南腊隧道进口段结晶体段落进行调研，具体情况见表 2-13、表 2-14。

南腊隧道进口左线结晶段落调研　　表 2-13

里程桩号	围岩地质情况/施工情况	结晶情况	渗水情况
ZK4 + 190 ~ ZK4 + 220（左边墙）	围岩Ⅳ3 级；泥岩，强-中风化，中厚层状，节理裂隙较发育；点滴状出水	大量结晶体	微量渗水
ZK4 + 245 ~ ZK4 + 260（左边墙）	围岩Ⅳ3 级；泥岩，强-中风化，中厚层状，节理裂隙较发育；淋雨状出水	大量结晶体	少量渗水

续上表

里程桩号	围岩地质情况/施工情况	结晶情况	渗水情况
ZK4 +470 ~ ZK4 +500(左边墙)	围岩Ⅳ1 级;砂岩,中-微风化,节理裂隙稍发育;淋雨状出水	大量结晶体	微量渗水
ZK4 +660 ~ ZK4 +670(左边墙)	围岩Ⅳ1 级;砂岩,中-微风化,节理裂隙稍发育;淋雨状出水	较多结晶体	少量渗水
ZK4 +735 ~ ZK4 +745(左边墙)	围岩Ⅳ1 级;砂岩,中-微风化,节理裂隙稍发育;淋雨状出水	大量结晶体	少量渗水
ZK4 +745 ~ ZK4 +780(左边墙)	围岩Ⅳ1 级;砂岩,中-微风化,节理裂隙稍发育;淋雨状出水	大量结晶体	微量渗水
ZK4 +940 ~ ZK4 +960(左边墙)	围岩Ⅳ1 级;砂岩,中-微风化,节理裂隙稍发育;淋雨状出水	大量结晶体	少量渗水
ZK5 +110 ~ ZK5 +130(左边墙)	围岩Ⅳ3 级;砂岩,中-微风化,节理裂隙稍发育;渗水较大;经常小坍塌并进行坍塌处治	大量结晶体	微量渗水
ZK5 +160 ~ ZK5 +185(左边墙)	围岩Ⅳ1 级;砂岩,中-微风化,节理裂隙稍发育;淋雨状出水	少量结晶体	微量渗水
ZK5 +325 ~ ZK5 +375(左边墙)	围岩Ⅳ1 级;砂岩,中-微风化,节理裂隙稍发育;淋雨状出水	大量结晶体	较大量渗水
ZK4 +025 ~ ZK4 +040(右边墙)	围岩Ⅴ级;泥岩,强风化为主,部分为中风化,岩质不均匀,属软岩;无渗水	泥沙和少量结晶体	微量渗水
ZK4 +260 ~ ZK4 +290(右边墙)	围岩Ⅴ级;泥岩,强风化为主,节理裂隙发育;较大量渗水;ZK4 +260 坍塌冒顶,经常小坍塌	较多结晶体	微量渗水
ZK4 +420 ~ ZK4 +435(右边墙)	围岩Ⅴ级;泥岩,中-微风化,节理裂隙稍发育;点滴状出水	大量结晶体	微量渗水
ZK4 +710 ~ ZK4 +770(右边墙)	围岩Ⅳ2 级;砂岩,中-微风化,节理裂隙稍发育;淋雨状出水	大量结晶体	微量渗水
ZK4 +790 ~ ZK4 +815(右边墙)	围岩Ⅳ2 级;砂岩,中-微风化,节理裂隙稍发育;淋雨状出水	较多结晶体	微量渗水
ZK5 +135 ~ ZK5 +205(右边墙)	围岩Ⅳ3 级;砂岩,中-微风化,节理裂隙稍发育;淋雨状出水	大量结晶体	较大量渗水

南腊隧道进口右线结晶段落调研　　　　表 2-14

里 程 桩 号	围岩地质情况/施工情况	结晶情况	渗水情况
YK4 +290 ~ YK4 +310(左边墙)	围岩Ⅳ1 级;砂岩,中-微风化,节理裂隙稍发育;较大量渗水	较多结晶体	微量渗水
YK4 +505 ~ YK4 +540(左边墙)	围岩Ⅳ3 级;砂岩,中-微风化,节理裂隙发育;中上部有贯穿掌子面软弱夹层;点滴状出水	大量结晶体	微量渗水
YK4 +910 ~ YK4 +930(左边墙)	围岩Ⅳ1 级;砂岩,中-微风化,节理裂隙发育;点滴状出水	大量结晶体	微量渗水
YK4 +930 ~ YK4 +960(左边墙)	围岩Ⅳ1 级;砂岩,中-微风化,节理裂隙发育;点滴状出水	较多结晶体	少量渗水
YK5 +030 ~ YK5 +040(左边墙)	围岩Ⅳ1 级;砂岩,中-微风化,节理裂隙发育;小股渗水	大量结晶体	微量渗水
YK5 +045 ~ YK5 +050(左边墙)	围岩Ⅳ3 级;砂岩,中-强风化,节理裂隙发育;点滴状出水	少量结晶体	微量渗水
YK5 +055 ~ YK5 +065(左边墙)	围岩Ⅳ3 级;砂岩,中-强风化,节理裂隙发育;点滴状出水	大量结晶体	微量渗水
YK5 +120 ~ YK5 +155(左边墙)	围岩Ⅳ3 级;砂岩,中风化,节理裂隙发育;淋雨状出水	大量结晶体	少量渗水
YK5 +240 ~ YK5 +260(左边墙)	围岩Ⅳ1 级;砂岩,中-微风化,节理裂隙发育;淋雨状出水	较多结晶体	微量渗水
YK5 +265 ~ YK5 +275(左边墙)	围岩Ⅳ1 级;砂岩,中-微风化,节理裂隙发育;淋雨状出水	大量结晶体	微量渗水
YK5 +275 ~ YK5 +290(左边墙)	围岩Ⅳ1 级;砂岩,中-微风化,节理裂隙发育;淋雨状出水	较多结晶体	较大量渗水
YK4 +275 ~ YK4 +320(右边墙)	围岩Ⅳ1 级;砂岩,中-微风化,节理裂隙发育;淋雨状出水	少量结晶体	微量渗水
YK4 +730 ~ YK4 +740(右边墙)	围岩Ⅳ2 级;泥岩,微风化,节理裂隙发育;淋雨状出水	较多结晶体	少量渗水
YK4 +740 ~ YK4 +750(右边墙)	围岩Ⅳ3 级;泥岩,微风化,节理裂隙发育;淋雨状出水	少量结晶体	微量渗水
YK4 +755 ~ YK4 +765(右边墙)	围岩Ⅳ2 级;泥岩,微风化,节理裂隙发育;点滴状出水	大量结晶体	少量渗水
YK4 +765 ~ YK4 +775(右边墙)	围岩Ⅳ2 级;泥岩,微风化,节理裂隙发育;淋雨状出水	少量结晶体	微量渗水
YK4 +890 ~ YK4 +940(右边墙)	围岩Ⅳ2 级;泥岩,微风化,节理裂隙发育;淋雨状出水	大量结晶体	少量渗水

续上表

里程桩号	围岩地质情况/施工情况	结晶情况	渗水情况
YK4 +975 ~ YK4 +985(右边墙)	围岩Ⅳ2 级;泥岩,微风化,节理裂隙发育;点滴状出水	较多结晶体	较大量渗水
YK4 +985 ~ YK5 +000(右边墙)	围岩Ⅳ2 级;砂岩,微风化,节理裂隙发育;淋雨状出水	大量结晶体	较大量渗水
YK5 +105 ~ YK5 +120(右边墙)	围岩Ⅳ3 级;砂岩,中风化,节理裂隙发育;淋雨状出水	较多结晶体	较大量渗水
YK5 +140 ~ YK5 +185(右边墙)	围岩Ⅳ3 级;砂岩,中风化,节理裂隙发育;淋雨状出水	少量结晶体	少量渗水
YK5 +210 ~ YK5 +220(右边墙)	围岩Ⅳ1 级;砂岩,中-微风化,节理裂隙发育;淋雨状出水	少量结晶体	微量渗水
YK5 +225 ~ YK5 +240(右边墙)	围岩Ⅳ1 级;砂岩,中-微风化,节理裂隙发育;淋雨状出水	少量结晶体	较大量渗水
YK5 +245 ~ YK5 +300(右边墙)	围岩Ⅳ1 级;砂岩,中-微风化,节理裂隙发育;淋雨状出水	大量结晶体	较大量渗水

统计南腊隧道进口左线桩号 ZK4 +050 ~ ZK5 +400,左右边墙共计 2700m;进口右线桩号 YK4 +050 ~ YK5 +400,左右边墙共计 2700m,统计单线总长度为 5400m。南腊隧道进口结晶段落的结晶量和渗水量情况见表 2-15。

南腊隧道进口结晶段落的结晶量和渗水量(单位:m) 表 2-15

结晶量	渗水量			
	微量渗水	少量渗水	较大量渗水	横向合计
大量结晶	245	140	190	575
较多结晶	95	50	40	185
少量结晶	120	45	15	180
纵向合计	460	235	245	940

本次调研共统计单线总长度 5400m(左右边墙已包含在内),结晶段落 940m,占比 17.4%,其中大量结晶类型居主导地位,大量结晶段落占总结晶段落的 61.2%;微量渗水类型居主导地位,微量渗水结晶段落占总结晶段落的 48.9%。由此可见,南腊隧道结晶段落占比大,形势很严峻,结晶体生成具有段落性,不同的段落结晶量不同,这可能与不同段落地下水水质和混凝土本身有关。

六、排水管中溶出液水质分析

现场调研过程中，每隔50～100m对隧道排水管溶液进行取样，测取流速大小，并在掌子面渗水点进行地下水取样，在现场密封标记好，如图2-18所示。委托云南建筑工程质量检查站有限公司分析地下水，分析结果如表2-16所示。排水管和初期支护混凝土中水样主要分析项目包括pH值、Ca^{2+}浓度、总碱度、重碳酸盐碱度、碳酸盐碱度、氢氧化物碱度、矿化度。其中，pH值采用pH计（型号MT-5000）测得；Ca^{2+}浓度采用EDTA滴定方式测定；总碱度、重碳酸盐碱度、碳酸盐碱度、氢氧化物碱度根据《碱度（总碱度、重碳酸盐和碳酸盐）的测定（酸滴定法）》（SL 83—1994）[48]测得；矿化度根据《矿化度的测定（重量法）》（SL 79—1994）[49]测得。部分矿化度测定如图2-19所示，具体分析结果如表2-17所示。

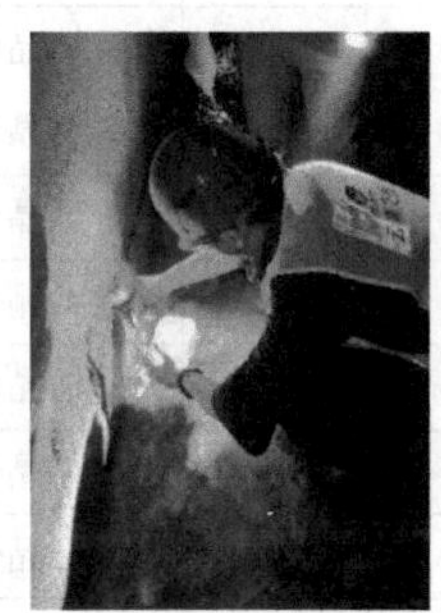

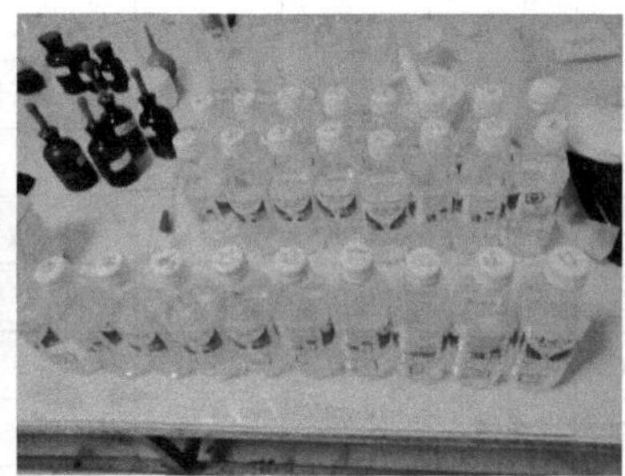

图2-18 掌子面渗水点取样及部分水样

隧道地下水检测结果　　表2-16

序号	检测项目	单位	检测结果	单项判定
1	侵蚀性CO_2（HI级）	mg/L	5	不具化学侵蚀
2	酸度	mmol/L	未检出	—
3	重碳酸盐碱度	mg/L	250	—
4	碳酸盐碱度	mg/L	14	—
5	氢氧化物碱度	mg/L	0	—
6	钙离子浓度	mg/L	21	—
7	镁离子（HI级）浓度	mg/L	11	不具化学侵蚀

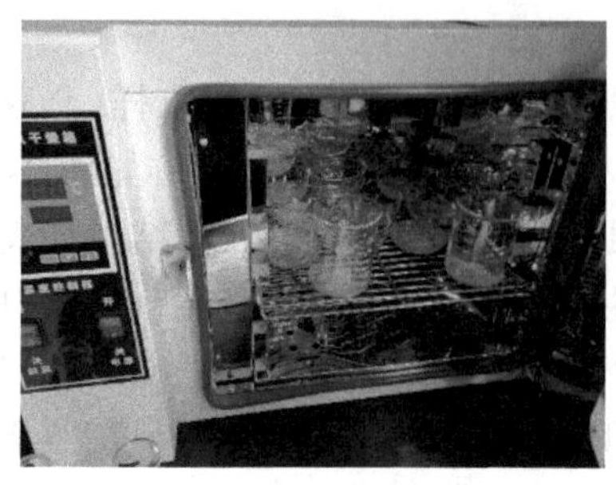

图 2-19　矿化度测定

隧道排水管水样调研分析结果　　表 2-17

序号	流速 (mL/s)	pH 值	Ca^{2+}浓度 (mg/L)	碱度($CaCO_3$ mg/L)				矿化度 (mg/L)	结晶量描述
				总碱度	氢氧化物	碳酸盐	重碳酸盐		
P-1	1.7	12.16	96.0	550.55	250.25	300.30	—	452	大量结晶体
P-2	1.0	11.96	66.7	425.43	225.23	200.20	—	216	大量结晶体
P-3	1.4	10.44	24.0	425.43	325.33	100.10	—	138	少量结晶体
P-4	20.0	11.46	8.0	300.30	100.10	200.20	—	342	大量结晶体
P-5	7.4	11.63	20.0	300.30	200.20	100.10	—	214	大量结晶体
P-6	28.6	8.07	36.0	450.45	—	—	450.45	90	少量结晶体
P-7	14.3	11.96	24.0	400.40	250.25	150.15	—	78	大量结晶体
P-8	4.0	12.51	142.0	950.95	700.70	250.25	—	616	大量结晶体
P-9	153.8	8.95	108.0	450.45	—	—	450.45	72	少量结晶体
P-10	8.3	10.24	12.0	300.30	—	50.05	250.25	60	大量结晶体
P-11	1.7	11.34	6.0	375.38	25.03	350.35	—	412	大量结晶体
P-12	28.6	9.22	58.0	300.30	—	—	300.30	144	大量结晶体
P-13	22.2	12.32	110.0	575.61	325.36	250.25	—	420	少量结晶体
P-14	2.7	12.07	48.0	375.38	225.23	150.15	—	32	少量结晶体
P-15	1.8	9.17	76.0	350.35	—	—	350.35	257	少量结晶体
P-16	3.1	11.76	40.0	425.43	—	400.40	25.03	1292	少量结晶体
P-17	16.7	12.16	80.0	450.45	200.20	250.25	—	1010	大量结晶体
P-18	4.8	9.08	100.0	400.40	—	—	400.40	828	少量结晶体
P-19	22.2	12.57	140.0	1351.35	650.65	700.70	—	2194	大量结晶体
P-20	10.5	11.91	20.0	300.30	—	300.30	—	644	大量结晶体

续上表

序号	流速(mL/s)	pH 值	Ca^{2+}浓度(mg/L)	碱度($CaCO_3$ mg/L)				矿化度(mg/L)	结晶量描述
				总碱度	氢氧化物	碳酸盐	重碳酸盐		
P-21	7.7	11.89	70.0	425.43	125.13	300.30	—	22	大量结晶体
P-22	20.0	11.87	28.0	300.30	150.15	150.15	—	134	少量结晶体
P-23	14.3	12.16	64.0	500.50	350.35	150.15	—	318	大量结晶体
P-24	50.0	9.27	68.0	425.43	—	—	425.43	706	较多结晶体
P-25	52.6	9.96	16.0	275.28	—	—	275.28	212	大量结晶体
P-26	166.7	8.85	82.0	375.38	—	—	375.38	24	少量结晶体
C-1	5.02	11.62	276.5	675.68	325.33	350.35	—	未测	大量结晶体
C-2	25.94	11.42	236.5	467.99	257.78	210.21	—	未测	大量结晶体
C-3	1.67	11.45	156.3	825.83	550.55	275.28	—	未测	大量结晶体
C-4	5.91	11.34	280.6	588.10	375.38	212.72	—	未测	大量结晶体
C-5	2.22	11.37	288.6	638.14	337.84	300.30	—	未测	大量结晶体
C-6	1.58	11.53	247.5	650.66	375.38	275.28	—	未测	大量结晶体
C-7	1.69	11.42	276.6	813.31	513.01	300.30	—	未测	大量结晶体
C-8	17.5	11.16	277.6	595.60	330.33	265.27	—	未测	大量结晶体
C-9	28.41	11.35	236.5	576.82	314.06	262.76	—	未测	大量结晶体
C-10	35.03	10.27	172.3	437.94	212.71	225.23	—	未测	大量结晶体
C-11	15.86	11.31	256.5	563.06	312.81	250.25	—	未测	大量结晶体

在统计样品中,有大量结晶体的排水管溶液 pH 值大于 11 的占 85% 左右,总碱度均较大。因此,结晶量较多的排水管溶液普遍具有 pH 值和总碱度偏大的特性;流速小于 10mL/s 条件下排水管溶液产生大量结晶体的比例达到 72%,流速小于 5mL/s 条件下排水管溶液产生大量结晶体的比例达到 62%,说明流速小对结晶体的生成有利;初期支护混凝土表面水样 pH 测定值均高于排水管水样,主要是因为初期支护混凝土刚施工不久,混凝土中水泥水化程度不高,更容易将混凝土中钙离子带出。

七、结晶体成分分析

通过对排水管、排水沟中结晶体取样,如图 2-20 所示,进而通过 XRD 衍射对结晶体成分进行了分析,分析结果表明结晶体成分主要为碳酸钙,如图 2-21 所示。

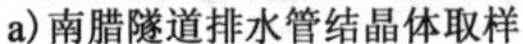

a) 南腊隧道排水管结晶体取样

b) 藤蔑山隧道排水沟结晶体取样

图 2-20　结晶体取样

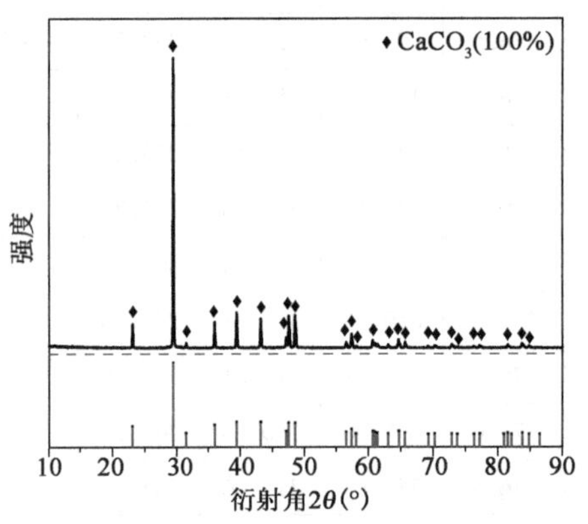

图 2-21　结晶体的 XRD 测试图

八、调研结论

白色结晶体成分为 $CaCO_3$，但由于南腊隧道并不是岩溶隧道，地下水中钙离子含量很低，结晶体成分中钙离子主要来源于喷射混凝土中的水泥。水泥水化反应生成大量 $Ca(OH)_2$，地下水在初期支护混凝土渗流过程中会将 $Ca(OH)_2$带出，随后在衬砌表面或排水管中与空气中 CO_2反应生成白色结晶体 $CaCO_3$。现场观察发现，初期支护混凝土表面渗水量大的地方，尤其是刚喷射混凝土不久后，可以明显看到从排水管中直接流出的白色细颗粒，由于南腊隧道富含重碳酸盐，HCO_3^-会与 Ca^{2+}在强碱环境下发生化学反应直接生成碳酸钙颗粒，因此地下水在混凝土渗流过程中，会将混凝土中的钙以 Ca^{2+}形式或碳酸钙结晶体形式带出。随着渗流过程持续，隧道排水管中的溶液也会在一定的化学条件下析出白色结晶体。无论是以哪种方式形成结晶体，结晶体都会在排水管管壁上持续堆积，久而久之，就出现了隧道排水管结晶堵塞现象。

渗流结晶过程的持续进行，主要会产生两个方面的危害：①孔隙中的石灰浓度可能降到临界极限浓度以下，从而使水化硅酸钙、水化铝酸钙、水化铁酸钙等水化产物分解，由高钙的水化产物转化成低钙的水化产物，甚至分解成完全失去胶结能力的氧化物和氢氧化物。随着混凝土中有效成分持续分解，孔隙率会越来越大，甚至成为"豆腐渣"混凝土，失去强度，严重威胁隧道结构安全。②当白色结晶体在排水管上持续堆积，排水管有效过水面积减小甚至发生堵塞，严重影响隧道排水功能，危及隧道结构安全。

综合南腊隧道地质资料、现场调研情况以及水样、结晶体成分分析结果，可以得出以下结论：

①云南省及其他省份很多隧道都存在排水管结晶堵塞现象，隧道初期支护混凝土目前普遍采用P·O 42.5硅酸盐水泥，且掺合料的应用并不普及，由于硅酸盐水泥富含钙物质，长期与地下水接触必然导致钙的溶出，尤其是在隧道防排水系统中，地下水与混凝土一直处于流动接触状态，这会使得钙的溶出速率更快，溶出量更大。这种情况并不是个例，常见于富水隧道(图2-22)、引水隧洞(图2-23)、水电站(图2-24)、水库(图2-25)、大坝(图2-26)等地下水与混凝土充分接触的构筑物中。

a)排水管结晶图

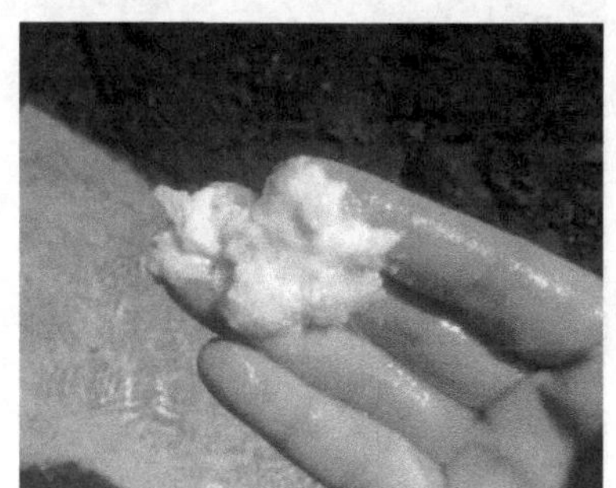

b)排水沟结晶图

图2-22　某富水隧道结晶图

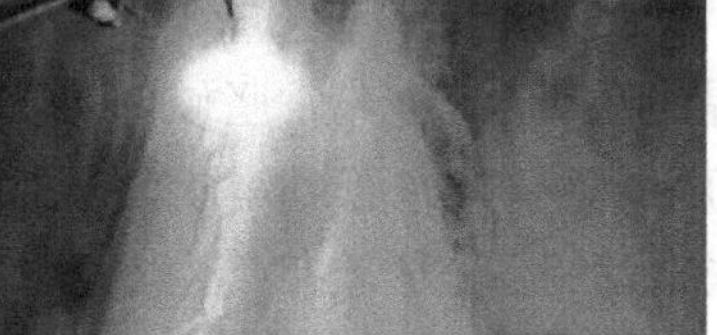

图2-23　某引水隧洞衬砌表面结晶图

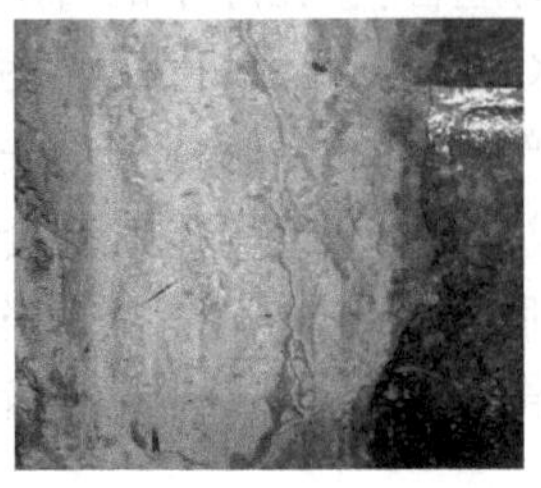

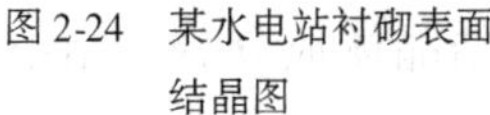
图 2-24 某水电站衬砌表面结晶图

图 2-25 某水库排水管结晶图

图 2-26 某大坝背面结晶图

②施工期间结晶体生成速率很快,生成量很大。主要原因是施工期间水泥还处于水化初期,水化过程很快,密实度不高,这个时候地下水在混凝土中渗流,很容易将混凝土中的钙带出。虽然南腊隧道地下水不具侵蚀性,但富含的重碳酸盐会与水泥水化产物发生化学反应,直接在混凝土内部生成结晶体,这一过程要比侵蚀过程快得多。如图 2-27 所示,南腊隧道建设期间短短几个月白色结晶体就堵塞了排水管。

图 2-27 南腊隧道建设期间排水管被结晶体堵塞

③结晶体的生成是一个持续的过程,可能长达几年或几十年,图 2-28 所示为云南藤蔑山隧道车行横洞内排水沟结晶情况,结晶体非常坚硬。藤蔑山隧道于 2008 年建成通车,据养护人员介绍,藤蔑山隧道排水管基本上每年都要处治一次,这种结晶病害就像“癌症”一般无法根治,清理完又会产生。水泥水化是一个漫长的过程,长达几十年之久,只要水泥水化过程还在进行,就会有结晶体析出。A. A. 贝科夫曾指出,以波特兰水泥制作的构筑物在天然水中注定要被破坏。这些构筑物最终被破坏需要相当长的时间,因为在自然条件下总是存在某些与环境有关的因素,可以使钙的溶出过程变得非常缓慢。

图 2-28　云南藤蔑山隧道车行横洞内排水沟结晶情况

④通过对多个隧道调研发现，很多隧道施工不规范，如混凝土施工缝封堵不密实或混凝土裂隙多，混凝土裂缝为地下水提供了渗流通道，从而更容易引发结晶问题，一般水量大的隧道混凝土裂缝处均有白色结晶体堆积，如图 2-29a）所示。排水管施工也是很关键的一个环节，排水管坡度不满足要求或者排水管损坏，会给结晶体提供更好的成核条件，更有利于结晶体在排水管中堆积。

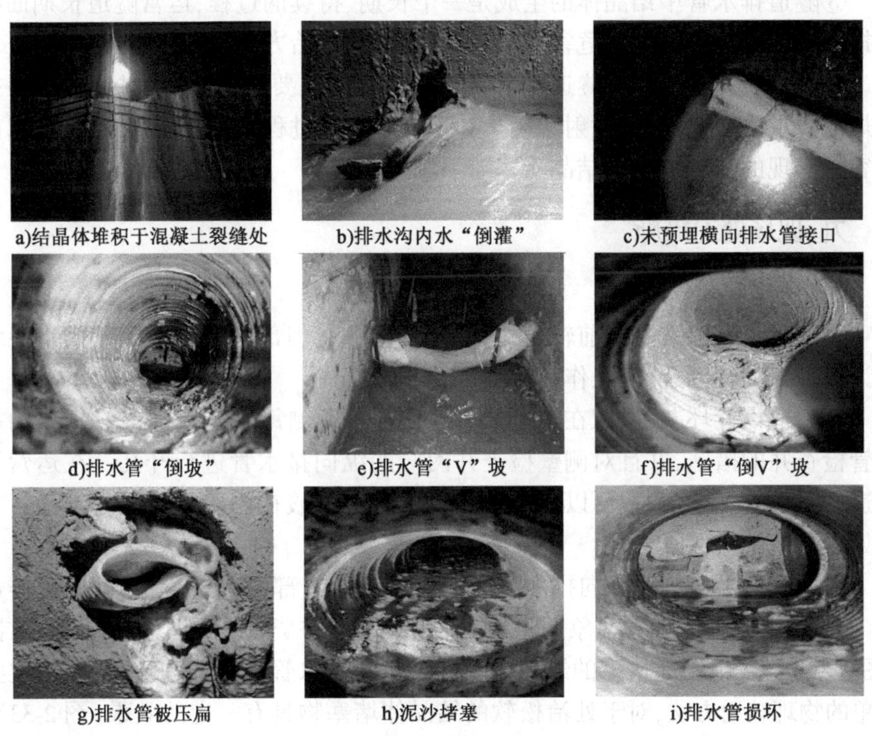

a)结晶体堆积于混凝土裂缝处　b)排水沟内水“倒灌”　c)未预埋横向排水管接口

d)排水管“倒坡”　e)排水管“V”坡　f)排水管“倒V”坡

g)排水管被压扁　h)泥沙堵塞　i)排水管损坏

图 2-29　隧道中排水系统不规范施工统计

隧道建设过程中出现的排水管施工质量问题，如：横向排水管出口标高设置过低，导致排水沟内水“倒灌”[图 2-29b)]；浇筑二次衬砌时未预埋横向排水管接口[图 2-29c)]，导致横向排水管安装形同虚设；倒坡、“V”坡、“倒 V”坡等[图 2-29d) ~ 图 2-29f)]，坡度不合适会导致围岩水、泥沙、混凝土碎片等淤积在排水管凹处，严重时会造成排水管局部堵塞[图 2-29g) ~ 图 2-29i)]。

本节对南腊隧道和一些其他产生结晶病害的隧道进行调研，并详细统计了南腊隧道进口段结晶病害情况，通过对结晶体成分与调研水样的分析，主要得到以下规律：

①云南省富水隧道普遍存在排水管结晶堵塞现象，排水管中结晶现象具有区段性，不同的段落结晶量不同，不同段落水质条件不同或喷射混凝土施工质量不同会导致排水管中结晶量存在差异。

②施工期间结晶体生成速率很快，生成量很大。这种结果的原因：一是地下水中存在可以与水泥水化产物直接反应的物质，如 HCO_3^-；二是水泥早期水化速率快，水化过程提供了更多生成结晶体的反应物质。

③隧道排水管中结晶体的生成是一个长期、持续的过程，运营隧道长期面临着排水管结晶堵塞的潜在危害，且目前没有好的处治方案。

④施工质量也是影响隧道排水管结晶堵塞的重要因素，施工过程应严格按照规范要求进行，尤其是喷射混凝土和排水管施作过程，施工质量的控制是目前最容易实现的减少排水管结晶堵塞的手段。

九、现场处治措施

(1)物理和化学清洗

物理和化学清洗是当前较为常见的清理手段，但部分公路隧道的排水系统设计较为封闭，开展清理工作较为困难。

在隧道设计环节，采取在隧道二次衬砌左右两侧每隔 50 ~ 60m 设置纵向排水管检查井的措施，并且对侧壁检查井两侧的纵向排水管进行开孔。在运营期隧道排水管发生堵塞时，可以利用高压水枪或有机酸在侧壁检查井的排水管开口处进行清洗疏通。

利用高清摄像头对纵向排水管和横向排水管内部情况进行检查，确定排水管内是否存在结晶堵塞现象(图 2-30、图 2-31)，并尝试采用电动管道疏通器(图 2-32)对发生结晶堵塞的纵向排水管和横向排水管进行清理疏通，采用这些简单的物理疏通方法，对于处治松软的结晶体堵塞物具有一定的效果(图 2-33)，但是对坚硬、密实的结晶体堵塞处治效果不佳。后期采用有机酸进行化学溶解，溶解时间较长,但可以缓慢溶解固结在排水管内的结晶体,如图 2-34、图 2-35 所示。

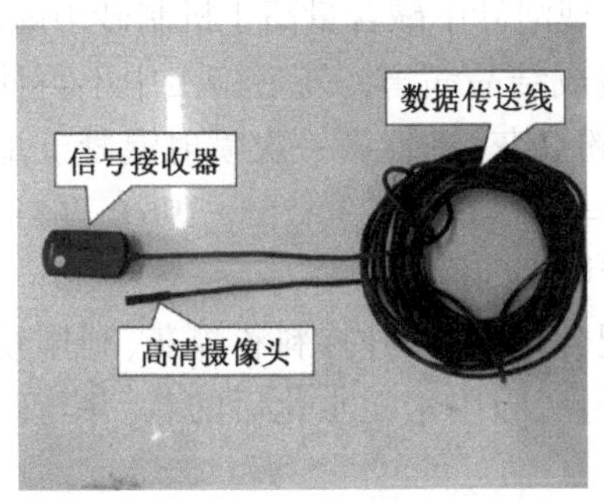

图 2-30　高清检测摄像头

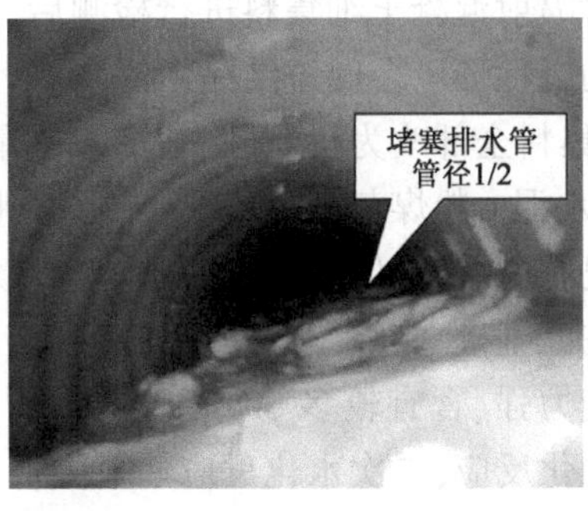

图 2-31　用内窥镜检查排水管堵塞程度

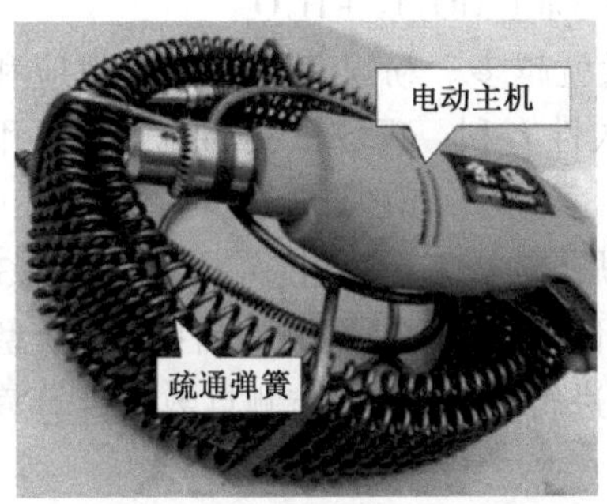

图 2-32　电动管道疏通器

图 2-33　疏通后的效果

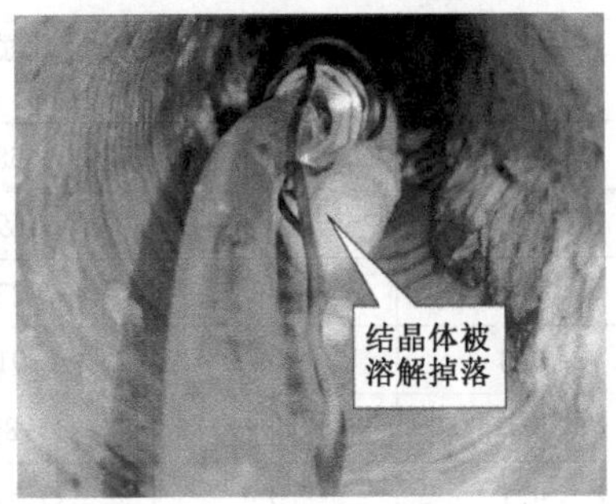

图 2-34　采用有机酸溶解固结结晶体

图 2-35　结晶体被溶解后流出

(2)喷射混凝土配合比调整

该隧道最初喷射混凝土配合比为水泥：河砂：机制砂：石子：水 = 456：436：437：755：196,未使用粉煤灰。施工一段时间后,该隧道 K4 + 200 ~ K4 +

400 附近排水管出现结晶体堵塞现象，在其他区段或多或少也出现了结晶体堵塞现象。

对喷射混凝土细集料进行检测后，发现河砂中碱含量高于机制砂中碱含量，较强的碱性环境会促进结晶体的生成，造成结晶病害。随后施工中不再使用江砂，细集料全部改为机制砂，并掺入适量粉煤灰，进行第一次喷射混凝土配合比调整（水泥：粉煤灰：机制砂：石子：水 =388：68：873：755：196）。隧道内结晶情况有所缓解，但并未彻底解决排水管堵塞问题。

在此基础上，继续调整喷射混凝土配合比，增加外掺料粉煤灰，利用粉煤灰吸附能力强、含有较多 SiO_2 和 Al_2O_3 的特点，吸附水泥水化后的碱，并与碱发生二次水化反应，二次水化反应如下式：

$$SiO_2 + Ca(OH)_2 = CaSiO_3 + H_2O$$

$$Al_2O_3 + Ca(OH)_2 = Ca(AlO_2)_2 + H_2O$$

粉煤灰颗粒越细，其消耗 $Ca(OH)_2$ 量就越多。粉煤灰的微集料效应和火山灰效应也对喷射混凝土的后期强度和耐久性有利。现场试验的粉煤灰采用景洪卫建Ⅱ类和Ⅲ类粉煤灰。

对喷射混凝土配合比的二次调整（水泥：粉煤灰：机制砂：石子：水 =388：155：785.7：755：196）在一定程度上降低了喷射混凝土的碱性。在新型配合比的调整下，对流经喷射混凝土的水溶液进行监测，根据监测点数据计算算术平均值，如表 2-18 所示。

二次调整配合比后试验段部分监测点均值分析数据 表 2-18

测点	测试参数				
	pH 值	Ca^{2+} 浓度 (mg/L)	CO_3^{2-} 浓度 (mg/L)	HCO_3^- 浓度 (mg/L)	流量 (mL/s)
21#	11.53	6.0	5.8	0	1.58
22#	11.40	6.2	5.0	0	1.69
23#	11.29	6.5	4.2	0	2.22
24#	11.24	5.3	3.4	0	5.91
25#	10.78	4.7	4.0	0	15.86
26#	10.83	4.8	4.1	0	17.50
27#	10.54	4.2	3.2	0	20.73
28#	10.31	3.7	3.3	0	28.41
29#	10.21	3.1	3.5	0	30.53
30#	10.13	2.6	3.2	0	35.03

对比施工配合比第一次调整的 10 个监测点的监测数据(表 2-9)和配合比二次调整的 10 个监测点的监测数据(表 2-18),可以看出,二次调整后的 pH 值、Ca^{2+}浓度、CO_3^{2-}浓度均有所降低,这说明粉煤灰可以进一步降低排水管溶液碱性,从而有利于抑制结晶体生成。

以上案例均通过对当地交通隧道的长期研究和现场试验,明确了结晶机理,并采取了适当的对策。特别是改进喷射混凝土的配合比设计、调整喷射混凝土原材料设计以及修改排水管的设计参数等技术手段已被证明具有显著效果。其中,通过物理和化学相结合的手段可以进一步减少排水系统内的沉积物。

第三章　隧道排水系统结晶堵塞机理及影响因素

第一节　隧道排水系统结晶理论基础

一、碳酸钙结晶过程

结晶是自然界中普遍存在的一种现象，从固体物质的不饱和溶液里析出晶体，一般要经过下列几个过程：不饱和溶液→饱和溶液→过饱和溶液→晶核的产生→晶体生长（又称为晶粒长大）。结晶过程是一个复杂的过程，不但包括质量传递、动量传递以及能量传递，而且通常会涉及复杂的物理-化学过程。在工业生产以及日常生活中，结晶主要表现为各种析晶污垢的生成。

隧道工程中结晶的发生是一种晶体成核生长的过程。例如，在地下水发育的隧道中，围岩压力水会渗入混凝土内部，通过混凝土的孔隙通道将水泥中含钙水化产物[主要为 $Ca(OH)_2$ 和 C—S—H]溶出，在与外界接触过程中发生一系列物理-化学反应，形成结晶并在隧道初期支护表面等部位沉积下来，如图 3-1 所示。随着 $Ca(OH)_2$ 和 C—S—H 不断地被溶解析出，混凝土内部溶液的 pH 值也会不断地降低，内部孔隙逐步发展，进而导致混凝土强度、抗渗等性能逐渐丧失，造成隧道衬砌结构的劣化破坏，同时带来隧道排水系统的堵塞问题，如图 3-2 所示。

图 3-1　隧道初期支护表面的结晶现象

图 3-2　宝鸡—汉中某高速公路隧道排水边沟的结晶状况

碳酸钙晶体的析出就是微溶盐类从溶液中结晶沉淀的过程。按照结晶动力学的观点,结晶过程是首先产生晶核,由晶核再生长成微晶粒,微晶粒在溶液中由于热运动(布朗运动)不断地相互碰撞,同时与排水管和管壁不断地进行碰撞,碰撞过程给晶体提供生长机会,使微晶粒变成大晶体。也就是说,微晶粒在溶液中不断碰撞且按照特有的次序集合或者排列才能形成碳酸钙结晶体。

碳酸钙是盐类,具有离子晶格,只有当 b 分子碳酸钙小晶粒所带正电荷的 Ca^{2+} 部分向 a 分子碳酸钙小晶粒所带负电荷的 CO_3^{2-} 部分碰撞,才能彼此结合,形成较大的晶体,若连续不断地按一定方向碰撞,就形成了覆盖传热表面的垢层。碳酸钙结晶生长过程如图 3-3 所示。

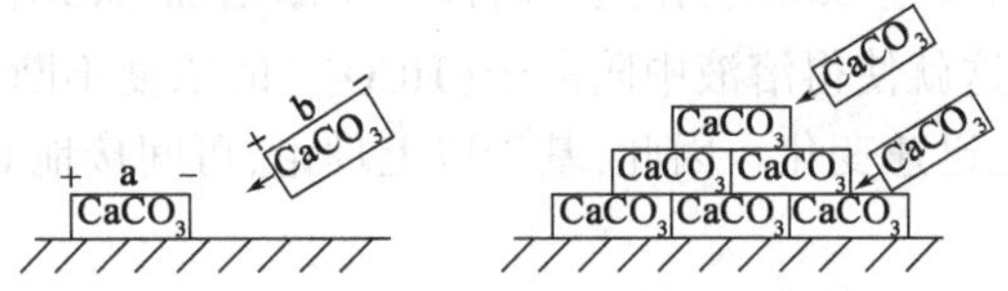

图 3-3　碳酸钙结晶生长过程示意图[50-51]

泽田(Sawada)等[52]认为碳酸钙从溶液中结晶析出的过程涉及表面反应控制,并推导了碳酸钙晶体生长的动力学方程:

$$\left(\frac{\mathrm{d}\alpha}{\mathrm{d}t}\right)\alpha^{-\frac{2}{3}} = K_{\mathrm{p}}\left(C_t - C_{\mathrm{b}}\right)^m \tag{3-1}$$

式中,α 按照式(3-2)定义:

$$\alpha = \frac{C_0 - C_t}{C_0 - C_{\mathrm{b}}} \tag{3-2}$$

式中：C_0——初始时刻溶液中钙离子的摩尔浓度；

C_t——任意时刻溶液中钙离子的摩尔浓度；

C_b——平衡时刻溶液中钙离子的摩尔浓度；

m——生长级数；

K_p——反应动力学常数(含晶体表面积项)。

一般来讲,从溶液中析出固体结晶相的任何过程都可以归为以下三个基本过程:①溶液过饱和;②晶核形成;③晶体生长(又称为晶粒长大)。碳酸钙结晶析出过程可分为三个阶段:晶核的形成阶段、晶核的迅速长大阶段和晶体的生长阶段。

(1)晶核的形成阶段

碳酸钙结晶析出过程一般可认为是从晶核的形成开始。$CaCO_3$晶核的形成阶段随着溶液过饱和度的增大而缩短,甚至直接消失。除过饱和度之外,温度、压力以及混合速度也会影响这一阶段的长短,影响的一般规律为:温度升高,晶核的形成期缩短;压力升高,晶核的形成期缩短;混合速度加快,晶核的形成期缩短。此外,混合速度的升高也会使局部溶液的过饱和度增大,促使$CaCO_3$晶核瞬间形成。

(2)晶核的迅速长大阶段

浊度法中晶核的迅速长大阶段表明的是浊度迅速降低的阶段;在恒定组分技术、pH值法中,晶核的迅速长大阶段则是pH值迅速降低的阶段。晶核的迅速长大阶段会析出大量$CaCO_3$,在这一阶段会不断增加$CaCO_3$粒子数,这些粒子也会不断地增大,这就使得溶液中阴离子(HCO_3^-)的浓度不断减小,从而使溶液的浊度、pH值随之迅速变化。因此,基于以上理论,可间接地对碳酸钙垢生长速度进行衡量。

(3)晶体的生长阶段

生长阶段形成碳酸钙垢的过程并不是一个稳定的静态过程,而是动态平衡过程,即在这一阶段溶液的各个参数是一个相对稳定值。Ca^{2+}和HCO_3^-的自然溶解度会随着流体压力的改变而降低。

晶体的生长过程是在过饱和溶液中已有晶核形成或加晶种后,以过饱和度为推动力,溶质向晶核或加入的晶种运动并在其表面进行有序排列,使晶体格子不断扩大的过程,晶体生长实质就是生长基元从周围环境中不断通过界面进入晶格座位的过程。晶体成核后,其生长动力学规律取决于生长机制,而生长机制又取决于生长过程中界面的微观结构。影响结晶生长速率的因素很多,如过饱和度、粒度、物质移动的扩散过程等。

解释结晶生长的机理有表面能理论、扩散理论、吸附层理论。目前常用的是扩散理论，根据扩散理论，晶体生长可分为三个过程：①溶质由溶液扩散到晶体表面附近的静止液层；②溶质穿过静止液层后到达晶体表面，生长在晶体表面上，晶体增大，放出结晶热；③释放出的结晶热再通过扩散传递到溶液的主体中去。

二、碳酸钙结晶理论

结晶过程的产生取决于固体与其溶液之间的平衡关系。任何固体物质与其溶液相混合时，当溶液还未达到饱和状态时，该固体物质溶解；当溶液达到过饱和状态时，该固体物质在溶液中超过饱和量的那一部分迟早要从溶液中结晶析出；当溶液恰好达到饱和平衡状态时，固体物质既没有溶解，也没有从溶液中结晶析出。所以，要想使固体物质从溶液中结晶析出，必须首先使溶液变成过饱和溶液，即必须产生一定的过饱和度作为结晶过程的推动力。

固体与其溶液之间的这种平衡关系，通常可以用固体在溶剂中的溶解度来表示。物质的溶解度与它的化学性质、溶剂的性质及温度有关，是一个状态函数。一定物质在一定溶剂中的溶解度主要随温度的变化而变化，在一般情况下，压力的影响可以忽略不计。因此，通常采用溶解度-温度曲线来表示。

(1)溶液的过饱和度

一般来说，如果碳酸钙的离子积超过其溶度积，就有可能产生碳酸钙沉淀，即开始产生碳酸钙沉淀的必要条件为：

$$[Ca^{2+}] \cdot [CO_3^{2-}] > K_{sp}(CaCO_3) \tag{3-3}$$

式中：$[Ca^{2+}]$——钙离子浓度；

$[CO_3^{2-}]$——碳酸根离子浓度；

$K_{sp}(CaCO_3)$——在某一温度下碳酸钙的溶度积。

物质的结晶受多种因素的影响，并不是当其离子积大于溶度积时，溶液中就会有沉淀析出。无论是要使晶核能够产生或要使晶粒能够长大，都必须有一个推动力。这个推动力是一种浓度差，称为溶液的过饱和度。对于大多数化合物来说，溶液中有沉淀时所对应的过饱和度值是非常高的，通常为 $10^2 \sim 10^3$。$CaCO_3$的过饱和度 S 可由式(3-4)计算：

$$S = \frac{[Ca^{2+}] \cdot [CO_3^{2-}]}{K_{sp}(CaCO_3)} \tag{3-4}$$

(2)$CaCO_3$的溶解度曲线和过饱和曲线

溶液含有超过饱和量的溶质时,称为过饱和溶液。使溶液达到过饱和状态(亚稳态和不稳态)是晶相发生成核作用和析出晶体的必备前提,要在水溶液中生长晶体就必须使溶液在生长系统中达到过饱和状态。

大量实验结果表明,溶液结晶与其过饱和度的关系可以用溶液的浓度-温度关系图表示,如图3-4所示。图中曲线*SS*被称为普通的溶解度曲线,表示溶液达到饱和状态。该曲线的上部区域表示溶液处于过饱和状态,下部区域表示溶液处于不饱和状态。在热力学上,通常认为不饱和状态的吉布斯自由能最小,状态最稳定,因此不可能发生结晶现象。曲线*TT*是溶液的过饱和曲线,即超溶解度曲线。过饱和曲线与溶解度曲线有所不同:一个特定的物系只有一条明确的溶解度曲线,但是溶液的过饱和曲线不像溶解度曲线那样易测定,它受诸多因素的影响,比如溶液中有无晶种、晶种的大小和数量、有无添加剂、搅拌的强度以及冷却速度等。因此,通常认为溶液过饱和曲线为一簇曲线,其位置一般在图中*TT*曲线的附近,且与之大致平行,并没有一条确定的过饱和曲线,如图3-4中虚线所示。

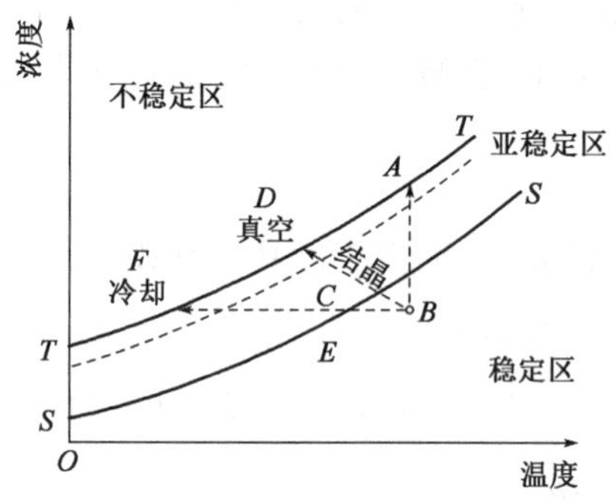

图3-4　$CaCO_3$溶液的浓度-温度关系图

溶解度曲线和过饱和曲线可以将图3-4分为稳定区、亚稳定区(又称为介稳区)以及不稳定区三个部分。当溶液处于亚稳定区时,结晶不能自发形成,需要事先在溶液中加入晶种,晶种就是人为地在过饱和溶液中加入少量固体溶质的小颗粒,随着晶种逐渐长大,晶体从溶液中析出。处于不稳定区域的溶液稳定性差,会自发地产生结晶现象。因此,溶液发生析晶的必备前提是溶液达到过饱和状态(不稳态或亚稳态)。碳酸钙结晶就发生在不稳定区。从晶体溶度积K_{sp}与离子积的角度来看,*SS*曲线为溶解度曲线,在这条曲线上Ca^{2+}与CO_3^{2-}满足如下关系式:

$$c(Ca^{2+}) \cdot c(CO_3^{2-}) = K_{sp}(CaCO_3) \tag{3-5}$$

此时碳酸钙的溶解与生成处于动态平衡。在稳定区内，Ca^{2+} 与 CO_3^{2-} 满足如下关系式：

$$c(Ca^{2+}) \cdot c(CO_3^{2-}) < K_{sp}(CaCO_3) \tag{3-6}$$

此时溶液中无晶体析出。在亚稳定区和不稳定区内，溶液处于过饱和状态，Ca^{2+} 与 CO_3^{2-} 满足如下关系式，结晶自发形成：

$$c(Ca^{2+}) \cdot c(CO_3^{2-}) > K_{sp}(CaCO_3) \tag{3-7}$$

由此可见，亚稳定区、不稳定区以及过饱和曲线等概念对于结晶过程有着十分重大的意义，尤其是亚稳定区在阻垢机理的研究中扮演着非常重要的角色。在实际工程中，把溶液中 Ca^{2+} 与 CO_3^{2-} 浓度控制在溶解度曲线以下，成本比较高，而通过加入阻垢剂，可以扩大其亚稳定区，使过饱和曲线簇上移。究其原因，阻垢剂对晶体的生长有抑制和干扰的作用，它能改变晶体结构，使晶体变得膨胀疏松，易被水冲走，从而那些已经结晶的微粒将处于分散状态，增大了致垢物质的溶解度，扩大过饱和区域，使得难溶盐不易析出而不致产生沉淀。

阻垢剂对结晶体的抑制作用主要是通过吸附在碳酸钙的活性表面或抑制晶体成核和生长来实现的。碳酸钙结晶的过程分为晶核生长、晶粒长大阶段[53]，通过室内试验发现 2-磷酸基-1,2,4-三羧酸丁烷 PBTCA 的阻垢性能比聚丙烯酸(PAA)和水解聚马来酸酐(HPMA)的阻垢性能更强，有机络合除垢剂不仅可以溶解难溶盐类，还可将坚硬的堵塞物溶解成松散的泥垢，从而有效防止二次诱发结晶沉积。

综上所述，我们可以看出，影响碳酸钙结晶成核的关键因素是其在溶液中的饱和浓度。对于隧道工程而言，水与混凝土中胶凝材料的相互作用可能会影响地下水的化学组成和稳定性，且这一相互作用为碳酸钙的结晶沉积提供了有效支持，导致大量的沉淀生成，并最终堵塞排水系统。因此，地下建筑必须考虑的一部分问题是排水系统的可维护性，以便于进行维护操作或采取措施防止形成沉积物。

第二节　隧道排水系统结晶堵塞过程

水泥基材料被广泛应用于各种工程结构中，其长期耐久性与所处环境直接相关。水泥基材料孔隙与环境间的物质和能量的交换过程决定了材料耐久性的演化规律，其中物质交换多以材料孔隙溶液中的离子迁移形式发生。水泥基材料固相水化产物的稳定性与孔隙溶液的成分有密切关系，两者在材料硬化后处于平衡状态。如果孔隙溶液的成分在外界因素作用下发生变化，各种固相水化产物的原有平衡会被打破；如果孔隙溶液成分持续变化，固相水化产物的稳定性会受到影响，表现为水泥基材料基本力学性能的劣化与结构耐久性能的衰减。在真实服役条件下，水泥基材料与环境间的物质迁移过程包括多种离子迁移和水分迁移，并受水环境、温度、电场等因素的影响。

富水隧道在施工阶段大多会出现初期支护渗水、结晶沉淀、排水管堵塞等问题。在地下水渗流结晶作用下，隧道排水管内逐渐生成 $CaCO_3$、$MgCO_3$、$BaCO_3$、$BaSO_4$等结晶沉淀物，初期支护的渗水会造成混凝土内部钙离子的流失，削弱混凝土结构强度，隧道排水管的堵塞则会导致隧道排水系统排水能力的下降，影响后期的运营安全，堵塞严重会导致排水系统最终失效。

结晶体主要成分是 $CaCO_3$，通过结晶体成分来源分析可知，钙的来源有两种途径：一种是地下水中含有大量 Ca^{2+}，如岩溶地区；另一种是初期支护混凝土中水泥水化反应会产生大量 Ca^{2+}。碳元素的主要来源包括地下水中含有的 HCO_3^-、CO_3^{2-}、CO_2和空气中的 CO_2气体。

综合文献调研和现场调研，可以将隧道排水系统结晶堵塞分为以下 4 个过程，如图 3-5 所示。过程 1 为地下水与喷射混凝土的化学反应过程，过程 2 为地下水对混凝土的侵蚀过程，过程 3 为排水管中水溶液析出晶体过程，过程 4 为排水管内沉积物堵塞过程。

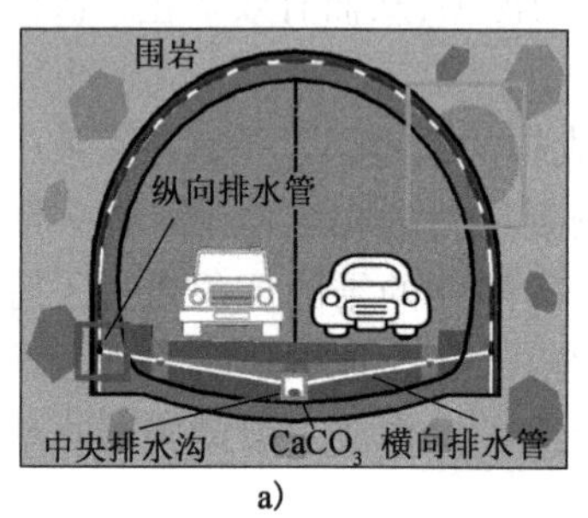

a)

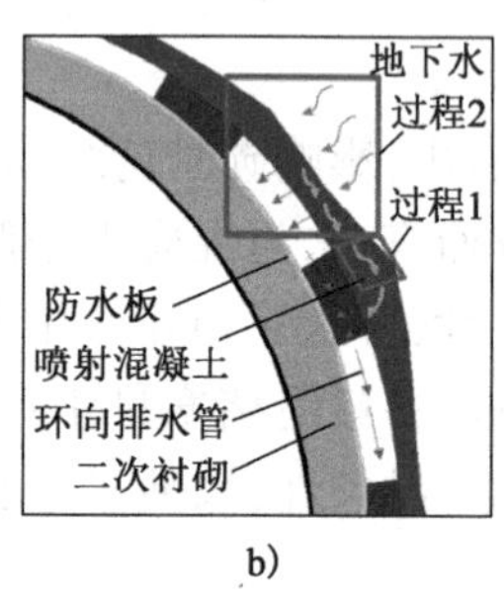

b)

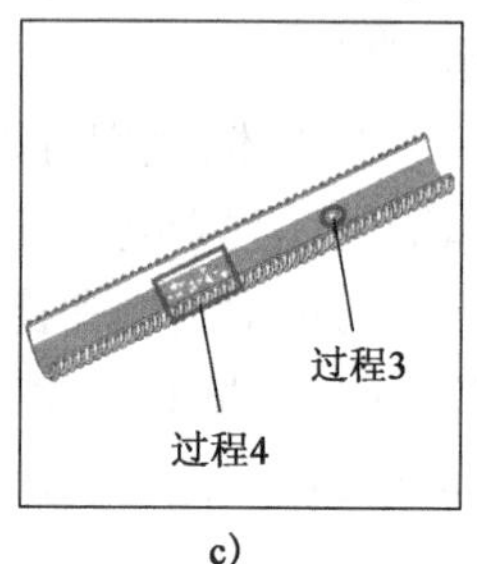

c)

图 3-5 隧道排水系统中的结晶过程

隧道地下水发育，隧道开挖完后水流量较大，对隧道排水系统的排水要求高。隧道排水系统由环向排水管、纵向排水管、横向排水管、中央排水沟组成，隧道的某一段一旦发生堵塞，势必会对整个排水系统造成影响。地下水从围岩中流出，流经初期支护混凝土并沿着防水板流入纵向排水管，再通过三通流进横向排水管。以云南南腊隧道为例,为了加强排水效果,该隧道既设置了中央排水沟,也设置了清水沟,地下水从横向排水管流入清水沟,水流量特别大,在超过清水沟一定高度后再通过横向排水管流入中央排水沟。在施工时,由于水量特别大,时常需要设置引水管引排地下水,再施作环向排水管。在整个排水过程中,地下水与隧道初期支护充分接触后,流入隧道的纵向排水管、横向排水管、清水沟和中央排水沟。过程1、2主要发生在地下水的渗流过程中[图3-5b)],过程3、4主要发生在排水管上[图3-5c)]。

①地下水与喷射混凝土的化学反应过程:地下水与喷射混凝土中水泥水化产物发生化学反应直接生成碳酸钙结晶体,该过程主要发生在地下水富含 HCO_3^- 或者 CO_3^{2-} 的地区,生成的碳酸钙结晶体可能滞留在混凝土孔隙内,也可能随着地下水进入隧道排水管中。

②地下水对混凝土的侵蚀过程:在地下水渗流过程中,由于地下水和水泥水化溶液中 Ca^{2+} 存在浓度差,低浓度的地下水会源源不断地将高浓度水泥水化溶液中氢氧化钙带出,而后在排水管中接触到二氧化碳生成碳酸钙沉淀。很多非岩溶隧道在运营5年甚至10年后依然有结晶体产生,是因为水泥水化是一个长期持续的过程,流动的水对混凝土的影响很大,在源源不断的地下水侵蚀作用下,混凝土中含钙物质不断地被带出,这也是一个漫长而持久的过程。

③排水管溶液中结晶析出过程:只要排水管溶液满足一定的物理化学条件,就会导致排水管溶液中析出碳酸钙晶体。

④排水管内沉积堵塞过程:无论是化学反应快速生成大量结晶体,还是排水管溶液中缓慢生成结晶体,都需要一定的条件沉积到排水管上,由于隧道排水管多采用双壁波纹塑料管,排水管表面实质是微观的粗糙面,结晶离子会以其为结晶中心,不断长大,最终生成致密的结晶体。管壁表面一旦生成结晶垢,新的晶核黏附力会很强,就会很容易继续产生积垢,再加上管壁粗糙,沉淀面积扩大,结晶体更易形成。并且施工中有很多不规范的行为,如排水管中泥沙堆积,水泥、杂质等清理不彻底,以及水中本身存在的悬浮颗粒都可能成为离子结晶的晶种,结晶会在这些位置优先生成。

第三节　隧道排水系统结晶堵塞影响因素

一、围岩类型

围岩裂隙水中存在的盐类对混凝土内部某些物质的溶解度有很大的影响,

如在 1L 浓度为 1% 的 Na_2SO_4溶液中，可溶解 2.14g 的 $Ca(OH)_2$；而在浓度为 2% 的 Na_2SO_4等量溶液中，则可溶解 3g 的 $Ca(OH)_2$。同样地，不同盐类对 $CaCO_3$ 溶解度影响也较大，$CaCO_3$溶解度随着 NaCl 浓度增加呈现先上升后下降的趋势。

地下水在长期的渗流运动过程中，必不可少地会对围岩产生冲刷、渗透和溶蚀作用，对于可溶性碳酸盐岩（如灰岩、白云岩等）来说，溶解产生的 CO_3^{2-}、Ca^{2+} 等将伴随着地下水的流动渗透到混凝土中，从而促进混凝土中的析钙溶蚀过程。其中，CO_3^{2-} 与混凝土中游离钙直接结合生成碳酸钙，碳酸钙晶体在渗流水的作用下被带入排水管中逐渐沉积，当地下水流量大时，围岩的冲刷颗粒和碎片也易被地下水裹携，在排水管低洼处易汇聚，造成隧道排水管堵塞。

碳酸盐垢的形成与地层围岩类型、裂隙水中所溶解的离子类型和浓度有直接关系。表 3-1 给出了不同围岩类型隧道排水系统中的结晶情况。

不同围岩类型的隧道排水系统结晶情况[24]　　表 3-1

隧道名称	围岩类型	结晶现象
Bolozon 2	石灰石	一些碳酸盐沉积在沟槽底部
La Nerthe	石灰石/白云石	无明显结晶
Breval	石灰石	两侧边沟的总沉积量预计 3 ~ 4t
La Ramade	多孔沉积石灰岩	碳酸盐沉积在边沟中，且水渗流到隧道内
Eurre-cut and cover tunnel	磨砾层，泥质砂岩，泥质灰岩	碳酸盐沉积在边沟中
Nanteuil	钙质，砂质泥土	大部分排水管被碳酸盐部分或完全阻塞
Meyssiez	砂-泥灰岩-黏土磨砾层	碳酸盐沉积在边沟中，且水渗流到隧道内
La Motte	白垩地层	边墙上有碳酸钙盐沉积，且边沟中碳酸盐沉积厚度达 10cm
Galaure	砂磨砾层，黏土泥灰岩	碳酸盐沉积在边沟中
Beiweizi road tunnel	具断裂层的玄武岩，长石石英砂岩，黑石	YK93 + 253 ~ YK93 + 266 中央排水沟的下半部分被碳酸钙堵塞；YK93 + 376.6 电缆排水沟的水溢出，有结冰现象
Caluire	砂粒，PM220-340 石灰石	碳酸盐沉积在边沟中，地下水渗流到隧道内

二、地下水

地下水中富含 HCO_3^-、CO_3^{2-}、游离 CO_2 等，地下水在混凝土高碱性环境中发生渗流时，碳酸氢盐会直接与水泥水化产物 $Ca(OH)_2$发生化学反应生成 $CaCO_3$ 结晶体，化学方程式见式(3-8)；碳酸盐会直接与混凝土中游离钙结合生成 $CaCO_3$ 沉淀，化学方程式见式(3-9)；地下水中溶解的 CO_2则会直接和混凝土中 $Ca(OH)_2$

反应生成 $CaCO_3$，$CaCO_3$ 在酸性条件进一步生成 $Ca(HCO_3)_2$，$Ca(HCO_3)_2$ 溶于水被带出，化学方程式见式(3-10)和式(3-11)。当地下水中 CO_2 溶解度高时，生成的 $CaCO_3$ 结晶体会直接被带离出混凝土。

$$HCO_3^- + Ca(OH)_2 = CaCO_3\downarrow + H_2O + OH^- \tag{3-8}$$

$$CO_3^{2-} + Ca^{2+} = CaCO_3\downarrow \tag{3-9}$$

$$CO_2 + Ca^{2+} + 2OH^- = CaCO_3\downarrow + H_2O \tag{3-10}$$

$$CaCO_3 + CO_2 + H_2O = Ca(HCO_3)_2 \tag{3-11}$$

混凝土在不同类型的水质条件下面临着硫酸盐侵蚀、酸侵蚀、碱侵蚀、氯离子侵蚀、软水侵蚀(混凝土溶蚀)等问题。隧道中混凝土溶蚀是指地下水在混凝土表面长期渗流过程中，由于地下水和混凝土水泥水化环境存在 $Ca(OH)_2$ 浓度差，混凝土内部高浓度的 $Ca(OH)_2$ 会扩散到地下水中，而后在喷射混凝土表面(未施作二次衬砌前)或隧道排水管中与大气中 CO_2 反应生成 $CaCO_3$ 白色结晶体，化学方程式见式(3-12)。

$$Ca(OH)_2 + CO_2 = CaCO_3\downarrow + H_2O \tag{3-12}$$

隧道地下水为极软的软水时，水泥水化产物氢氧化钙溶液很难达到饱和，软水侵蚀将会不断进行，直至混凝土结构被破坏。根据溶蚀过程中混凝土所受水压力的不同，混凝土的溶蚀过程可以分为接触溶蚀和渗透溶蚀两类。接触溶蚀是扩散溶出，溶出动力来自混凝土内部和地下水之间的 $Ca(OH)_2$ 浓度差；渗透溶蚀是渗漏溶出，水压力是其溶出动力，决定了钙溶出量的多少。

通常来说，压力增大时，多数盐类的电离程度会有所增加；压力减小时，CO_2 溶解度降低，已溶解的 CO_2 会部分逸出，会影响碳酸盐的沉淀溶解平衡。随着隧道的开挖，原来的应力平衡被打破，导致山体应力重新分布，部分原本封闭的围岩暴露出来，使得 CO_2 分压降低，大量的 CO_2 从地下水中逸出，这将对隧道排水管中结晶沉淀物的生成造成影响。

此外，压力也会对隧道排水管中水溶液的流速造成影响，流速越快，越不利于结晶沉淀物的沉积。在隧道开挖过程中，原有的地下水平衡系统被打破，地下水经由渗流通道纷纷汇集到隧道中，增大了隧道局部的水头压力，促使地下水流速度加快，从而对隧道排水管中结晶沉淀物的生成造成影响。

苏林分类法将地下水分为四类，即氯化钙($CaCl_2$)型、硫酸钠(Na_2SO_4)型、氯化镁($MgCl_2$)型、重碳酸钠($NaHCO_3$)型水质。其中，重碳酸钠型水质中富含 HCO_3^-，当地下水经过隧道初期支护喷射混凝土时，HCO_3^- 会与混凝土中游离钙结合并直接与水泥水化产物发生沉淀反应，反应方程式见式(3-8)。

这个过程同时会加快地下水对喷射混凝土的侵蚀进程,造成混凝土内部孔隙率的增大并加剧碱集料反应。对于岩溶型水质来说,水中富含钙、镁等离子,相当于直接为排水管中结晶体提供了物质来源,加剧其结晶堵塞程度。

重碳酸钠型水质和岩溶水水质对隧道排水管结晶堵塞病害的影响最大,在实际工程中,隧道还可能面临更多的侵蚀性介质,如硫化物型、硫酸盐型、氯化物型等。

定性地预测水中碳酸钙沉淀或溶解的倾向性,可采用里兹纳(Ryznar)指数、朗格利尔(Langelier)指数和斯蒂夫-戴维斯(Stiff-Davis)指数等方法,各指数的表达式见式(3-13)~式(3-21)。

①Ryznar 指数[54]:

$$\mathrm{RSI} = 2\mathrm{pH_s} - \mathrm{pH} \tag{3-13}$$

式中:pH——水样品的测量 pH 值;

$\mathrm{pH_s}$——碳酸钙的饱和 pH 值。

$$\mathrm{pH_s} = p[\mathrm{Ca^{2+}}] + p[\mathrm{HCO_3^-}] + C \tag{3-14}$$

$$C = \mathrm{p}K_{\mathrm{a2}} - \mathrm{p}K_{\mathrm{sp}} - \lg\gamma_{\mathrm{Ca^{2+}}} - \lg\gamma_{\mathrm{HCO_3^-}} \tag{3-15}$$

式中: $\mathrm{p}K_{\mathrm{a2}}$——碳酸氢盐分解平衡常数的负对数;

$\mathrm{p}K_{\mathrm{sp}}$——碳酸钙溶度积的负对数;

$\gamma_{\mathrm{Ca^{2+}}}$——钙离子的活度系数;

$\gamma_{\mathrm{HCO_3^-}}$——碳酸氢根离子的活度系数;

$[\mathrm{Ca^{2+}}]$、$[\mathrm{HCO_3^-}]$——$\mathrm{Ca^{2+}}$、$\mathrm{HCO_3^-}$ 的离子浓度,mol/L。

$$\lg\gamma = \frac{0.5(Z_i)^2 I^{0.5}}{1 + I^{0.5}} \tag{3-16}$$

式中:γ——活度系数;

Z_i——离子电荷;

I——离子强度,mol/L,$I = 0.013\mathrm{EC}$,其中 EC 为电导率(dS/m)。

$$K_{\mathrm{sp}} = (0.0024T^2 - 0.2519T + 9.325) \times 10^{-9} \tag{3-17}$$

$$K_{\mathrm{a2}} = 9.21 \times 10^{-13}T + 2.3 \times 10^{-11} \tag{3-18}$$

$$C = \lg\left(\frac{0.0024T^2 - 0.2519T + 9.325}{9.21 \times 10^{-4}T + 2.3 \times 10^{-2}}\right) + 2.5\left[\frac{(0.013\mathrm{EC})^{0.5}}{1 + (0.013\mathrm{EC})^{0.5}}\right] \tag{3-19}$$

式中:T——温度。

②Langelier 指数[55-58]：

$$LSI = pH - pH_s \tag{3-20}$$

③Stiff-Davis 指数[59]：

$$S - DSI = pH - pH_s;\quad pH_s = p[Ca^{2+}] + p[HCO_3^-] + K \tag{3-21}$$

式中：K——与离子强度和温度有关的函数关系式；

其余含义与上述表达式相同。

三个指标可用表 3-2 中数值来判别碳酸钙是否具有沉淀风险。

碳酸钙沉淀倾向性[60] 表 3-2

LSI/S - DSI	沉淀风险	RSI	沉淀倾向性
<0	无	>7	无
0~0.5	低	6~7	低
0.5~1	中等	5~6	中等
1~2	高	4~5	高
>2	非常高	<4	非常高

三、喷射混凝土材料

喷射混凝土材料对隧道排水系统结晶堵塞同样有很大影响。水泥水化产物 $Ca(OH)_2$、水化硅酸钙 C—S—H、水化铁酸钙 C_4AF、水化铝酸钙 C_3A 及钙矾石 AFt 等均溶于地下水，喷射混凝土中发生渗水时，水的硬度和 pH 值都会增加。只有在液相中石灰含量超过水化产物各自的极限浓度时，上述水化产物才会稳定。反之，这些水化产物将不断被溶解。其中最易溶解的水化产物是 $Ca(OH)_2$、$2CaO \cdot 6SiO_2(aq)$ 及 $3CaO \cdot 2SiO_2(aq)$，它们的极限石灰浓度都约为 1.3g/L。$2CaO \cdot 6SiO_2(aq)$ 和 $3CaO \cdot 2SiO_2(aq)$ 水解分离出 CaO 后形成更稳定的低钙硅比（Ca/Si）水化产物。

影响混凝土渗透溶蚀的因素首先是渗透水的石灰浓度及水中其他影响 $Ca(OH)_2$ 溶解度的物质含量。渗透水中 CaO 含量越多，水的暂时硬度越高，渗透水对水化产物的溶蚀量就越小。水中有 Na_2SO_4 及 NaCl 存在时，石灰的溶解度就会增大。当水中有钙盐（如 $CaSO_4$、$CaCl_2$ 等）时，石灰的溶解度将降低。

其次，混凝土中含极限石灰浓度高的水化产物量的多少也是影响渗透溶蚀的因素。使用掺有混合材料的水泥或混凝土外掺料时，混凝土中 $Ca(OH)_2$ 较少、低钙硅比的水化产物较多，此时混凝土的抗渗透溶蚀性能较好。

最后是混凝土的密实性和不透水性。混凝土的渗透溶蚀是通过混凝土内部的孔隙进行的。喷射混凝土特性主要指其孔隙率特征，总孔隙率通常为15% ~ 20%，干喷混凝土的孔隙率比模筑混凝土大8.7%，湿喷混凝土的孔隙率比模筑混凝土大16%[61]。地下水在混凝土内部渗流过程中，水泥的水化产物逐渐溶解进入渗流水。对于富水隧道，由于受到水压作用，围岩水往往会通过混凝土裂隙通道渗出，裂隙通道主要由混凝土孔隙和水泥水化通道构成。在地下水的持续渗流过程中，喷射混凝土裂隙通道会不断地被拓宽、延展，产生更多的裂隙和宏观裂纹，隧道喷射混凝土钙流失就越多。同时隧道喷射混凝土水泥用量大，含钙量高，因此只要地下水不断地从喷射混凝土表面或裂隙中流出，水泥水化所产生的游离钙就会被持续带出混凝土，在隧道排水管上逐渐沉积堵塞。随着渗透水的迁移，渗透水的石灰浓度逐渐升高。假定混凝土密实不透水，渗透溶蚀则不会发生。混凝土的孔隙率越大，连通的渗透通道就越多，渗透溶蚀可能越严重。

(1)水泥

水泥由普通硅酸盐水泥熟料的矿物质水合物和部分未水合的熟料颗粒组成，完全水化的水泥石中主要水化产物包括：70% C—S—H(凝胶)，20% $Ca(OH)_2$(晶体)，3% C_3AH_6(晶体)，7% AFt晶体(也称钙矾石)。水泥水化过程主要化学反应见式(3-22) ~ 式(3-25)。

$$C_3S + 6H_2O = 3CaO \cdot SiO_2 \cdot 3H_2O + 3Ca(OH)_2 \tag{3-22}$$

$$C_2S + 4H_2O = 3CaO \cdot SiO_2 \cdot 3H_2O + Ca(OH)_2 \tag{3-23}$$

$$C_3A + 6H_2O = 3CaO \cdot Al_2O_3 \cdot 6H_2O \tag{3-24}$$

$$C_4AF + 7H_2O = 3CaO \cdot Al_2O_3 \cdot 6H_2O + CaO \cdot Fe_2O_3 \cdot H_2O \tag{3-25}$$

水泥水化1个月后，$Ca(OH)_2$质量为水泥质量的9% ~11%，3个月后约占水泥质量的15%。完全水化后的水泥石中，C—S—H凝胶约占70%，$Ca(OH)_2$约占20%。水泥水化产物中，$Ca(OH)_2$最易溶解。隧道喷射混凝土水泥用量大，含钙量高，因此隧道构筑物中，只要地下水不断地从混凝土表面和裂隙中流过，就会一直有钙析出，造成隧道排水管堵塞。

(2)外掺料：粉煤灰、硅灰

粉煤灰主要组分是活性SiO_2和活性Al_2O_3。在喷射混凝土中掺加粉煤灰可有效填充混凝土的孔隙，从而提高混凝土抗渗性。粉煤灰改性混凝土的作用机理主要体现在粉煤灰的形态效应、活性效应和微集料效应三个方面。例如，高掺20% ~30%粉煤灰筑坝碾压混凝土的性能研究表明，高掺粉煤灰混凝土抗渗能力和强度均能满足大体积水工混凝土的要求，随着粉煤灰掺量增大，喷射混凝土微观结构变得致密，强度和抗渗性显著提高[62-63]。粉煤灰不仅可以增强C—S—H

凝胶的固碱能力,还可以减弱碱-硅灰反应(ASR)的反应程度,但是粉煤灰掺量过高会影响喷射混凝土凝结时间,减弱速凝剂促凝效果,从而降低混凝土早期强度。单纯地将大掺量粉煤灰应用于隧道喷射混凝土中,会导致初期支护混凝土早期强度低、强度增长缓慢等问题,一般通过在混合料中掺入减水剂、降低水灰比等措施,以减弱粉煤灰的缓凝影响,缩短混凝土凝结时间,同时对提升混凝土强度也具有一定作用[64]。

硅灰的成分90%以上为活性SiO_2,具有与粉煤灰相类似的活性效应。硅灰的掺入能使混凝土具有高强、抗冲磨、抗渗透、耐久性优异等性能。硅灰的"成核"作用可以为水泥水化产物提供成核位点,加快水泥的早期水化,硅灰与速凝剂共同使用有助于加快水泥的凝结硬化[65]。硅灰的掺入可以在很大程度上填充浆体的内部孔隙,降低孔隙率,提高水化后期的强度。同时,硅灰可以弥补粉煤灰对喷射混凝土造成的早期强度的损失,二者按最优比混掺时可以充分发挥各自优点,提高喷射混凝土的综合性能[66]。

(3)外加剂:速凝剂、减水剂、抗碱剂、甲基硅酸钠

速凝剂和减水剂可以直接影响喷射混凝土孔隙结构和渗透性能,是为解决隧道排水管结晶堵塞问题进行混凝土配合比优化时考虑的重要因素。

无碱液体速凝剂具有减少回弹量、降低粉尘浓度、提高喷射混凝土强度和抗渗性、减少隧道排水系统中结晶沉积、减少混凝土发生碱集料反应等作用[67-69]。但高掺量的速凝剂将导致喷射混凝土后期产生更大的干缩,使得喷射混凝土内部以及与围岩间的接触面上产生微裂隙,造成喷射混凝土自身强度和与围岩间的黏结力降低。因此,对于速凝剂的使用,掺量是控制其性能的重要因素。

减水剂是一种在维持混凝土坍落度基本不变的条件下,能减少拌合用水量的混凝土外加剂。减水剂加入混凝土拌合物后对水泥颗粒具有分散作用,减少单位用水量和水泥用量,改善混凝土拌合物的流动性。其中,聚羧酸系减水剂对水化硅酸钙的晶体形态会有影响,具体表现为聚羧酸系减水剂能够减小水化硅酸钙颗粒尺寸,增大其聚合度,同时加快水泥水化进程[70]。由此可见,掺入聚羧酸系减水剂对改善喷射混凝土的孔隙结构、缩短水泥凝结硬化时间尤为重要。

混凝土抗碱剂[71]是一种无毒、无害、无污染的环保型固体粉状抗碱新材料,含多种高活性化合物,掺入水泥能改变砂浆和混凝土的渗透性和孔隙结构,特别是能改变水泥石集料的界面结构,还能迅速降低孔隙溶液中碱离子的浓度,抑制碱集料反应。同时,它能迅速吸收水泥水化过程中产生的$Ca(OH)_2$,并生成高强微晶体,使砂浆和混凝土的密实性大为提高。抗碱剂吸收了喷射混凝土内部游离$Ca(OH)_2$,减少了随渗流水溶出的钙含量。

甲基硅酸钠[72]可使混凝土内部分子颗粒间形成防水薄膜，从而减少渗流水对水化钙的溶解和钙物质的溶出。在混凝土中掺入甲基硅酸钠后，由于其在缩聚反应中生成的枝状、链状及网状分子是伴随水泥水化反应生成的，它们填补了混凝土中的微孔隙，使混凝土微观结构致密，提高了混凝土的抗渗性。而且这些高分子聚合物具有一定的塑性强度，可以有效减少混凝土的干燥收缩，减少混凝土因收缩而产生的裂缝，使混凝土抗裂性得到提高。另外，甲基硅酸钠的掺入还可以改善混凝土的内部界面效应，增强混凝土的弹塑性，使混凝土的抗渗、抗拉、耐久性等得到综合改善。

四、温度

温度直接影响固态结晶体在溶液中的溶解度，随着温度的升高，大部分盐类物质在水中的溶解度均增大。但碳酸钙的溶解度与溶液温度成反比，即排水管中溶液温度越低，碳酸钙溶解度越高，越不易析出晶体。温度影响结晶沉积热阻参数[73]，随着排水管中溶液温度升高，溶液稳定时间缩短，碳酸钙在水中的溶解度随着温度的升高而降低，从而当隧道中温度高于地下水中温度时，碳酸钙溶液就会达到过饱和状态而析出结晶体。此外，温度还会影响结晶反应的速率和反应移动的方向，以及气体在水中的溶解度，考虑石灰溶解度和二氧化碳浓度直接相关，以及二氧化碳溶解度随温度升高而降低的趋势，可以预料隧道排水管中温度升高时会产生碳酸钙沉淀。

不仅仅是溶解度，许多化学平衡反应也会受到温度的影响，从而影响隧道排水管内结晶物的生成。隧道施工建设会破坏围岩内部原有的温度场，本来封闭的环境开始与外界有了联系，隧道围岩和隧道排水管中的温度场也将受到外界气温的影响。对于运营隧道而言，人类活动的影响更为广泛，例如，灯具的发热、汽车尾气的排放等对隧道环境的温度场都会产生影响，也会对隧道排水管中结晶沉淀物的生成产生影响。

五、pH 值

在地下水体系中，Ca^{2+}、Mg^{2+}、Ba^{2+}、HCO_3^-、CO_3^{2-}、SO_4^{2-}等离子的浓度并不是一成不变的，它们处在一种动态平衡中。当一种离子浓度发生变化时，其他离子浓度也会相应地发生改变，在这个过程中，水溶液 pH 值扮演着重要的角色。比如，地下水溶液中的 CO_2 含量会直接影响水溶液 pH 值，水中溶解的 CO_2 越多，水溶液 pH 值就会越低，从而对碳酸盐溶液的饱和度产生影响。相关实验表明，当水溶液 pH 值大于 8.33 时，地下水对碳酸盐岩的腐蚀性不明显，会促进隧道排水管中碳酸盐的析出；而当 pH 值小于 6.36 时，碳酸盐岩的溶解倾向非常明显，会有助于排水管中结晶沉淀物的溶解[74]。此外，地下水中的 HCO_3^-、CO_3^{2-} 等离子的含量也会受到 pH 值的影响，这些离子的含量会直接影响隧道排水管内结晶沉淀物的形成。总的来说，pH 值升高促进隧道排水管内结晶物的生成；pH 值降低抑制隧道排水管内结晶物的生成。

由于喷射混凝土内部本身是一个碱性的环境，因此当地下水从混凝土内部渗流时，混凝土内部的碱性物质会被溶解，从而导致地下水自身的 pH 值发生变化。根据调研结果：在隧道初期支护施作完成后的几个小时到几天内，对混凝土渗出溶液的 pH 值进行测定，pH 值通常为 10 ~ 12。

地下水的碱性环境是否会对碳酸钙的结晶产生显著影响，经试验发现：将水泥净浆试块分别浸泡于蒸馏水与 0.1mol/L 的 NaOH 溶液中，发现水泥净浆的结晶情况表现出明显的差异性，如表 3-3 所示。

pH 值对结晶的影响[75] 表 3-3

工况编号	试验环境		试验结果	
	溶液	外界环境	结晶情况	pH 值
1	蒸馏水	密封空气	未结晶	12 ~ 13
2	蒸馏水	流动空气	结晶明显	12 ~ 13
3	蒸馏水	密封 CO_2	轻微结晶	7 ~ 8
4	0.1mol/L NaOH 溶液	密封空气	未结晶	12 ~ 13
5	0.1mol/L NaOH 溶液	流动空气	结晶明显	12 ~ 13
6	0.1mol/L NaOH 溶液	密封 CO_2	轻微结晶	8 ~ 9

从表 3-3 可以看出，碳酸钙结晶情况与溶液本身的 pH 值关系不大。0.1mol/L 的 NaOH 溶液和蒸馏水本身并不会影响碳酸钙的结晶速度和数量。然而，外界空气环境对结晶却有明显的作用效果。由试验结果可以看出，在流动空气中，结晶量明显最多，而密闭的空气中却无结晶，密封 CO_2 结晶量介于中间值。归根结底，有无 CO_2 的持续补充是影响碳酸钙是否结晶的重要因素，这一点值得所有研究人员注意。

在隧道建设期间，我们能够明显地发现在排水管管口处的结晶量较大，淤积情况较为严重，而通过内窥手段对排水管深部处进行窥探时，发现管深部处的结晶量相对较少，这可能是因为受到排水管结构的限制，排水管深部处不易与大气 CO_2 进行交换。

应该指出的是，渗透液的 pH 值反映了单位体积渗透水流经混凝土中所带出的碱含量。混凝土渗透性增强时,其渗透液的 pH 值降低,且随渗透历时的延长降低较快;反之,其 pH 值就较高,且随渗透历时的延长降低较慢。由于混凝土中碱被溶解,渗流水 pH 值升高,从而导致石灰溶解度大大降低。因此,在 pH 值较高的渗流水中结晶现象往往较严重。

六、CO_2分压

水中离子与 CO_2的化学平衡决定了 $CaCO_3$结晶的沉积。隧道中结晶体碳酸钙中钙主要来源于喷射混凝土,其中 CO_3^{2-} 主要来源于渗流地下水和空气中 CO_2的溶解电离,因此,想要进一步阐明隧道结晶堵塞过程及机理,需要对 CO_2的作用进行一定的分析。

CO_2分压的上升会导致隧道排水管中碳酸钙溶解度的升高,当 CO_2分压减小时,排水管溶液中 CO_2从水中逸出,从而产生 $CaCO_3$结晶体,这个过程也可以理解为排水管溶液的脱碳酸过程[76],离子反应方程式见式(3-26)。

$$Ca^{2+} + 2HCO_3^- = CO_2\uparrow + CaCO_3\downarrow + H_2O \tag{3-26}$$

结晶体溶解度与压力成正比,压力主要通过影响 CO_2分压来影响结晶体的生成。隧道的开挖会使得山体应力释放,使 CO_2分压减小,CO_2分压减小就会打破碳酸盐结晶反应的平衡,导致结晶反应右移并加速沉淀析出[77];同时压力是影响盐类在水中电离度的重要因素,对碳酸盐的沉淀-溶解平衡产生间接影响。

七、排水管特性

晶核长大和沉积过程与排水管溶液是否为过饱和状态关系最为密切,沉积的推动力是沉积物在溶液中的化学势与在沉积物表面的化学势之间的差值。除此之外,结晶体的沉淀-溶解平衡、与排水管接触时间也是关键性因素。当排水管溶液中相关盐类达到过饱和状态时,管壁粗糙的表面和某些杂质对结晶体生成的催化作用促使这些过饱和盐类溶液以晶体形式析出。

结晶体能在管壁上生长、沉积下来,除了与结晶体间的黏附作用有关,还与结晶体生长的管壁环境有关,而排水管的湿润环境会促进 $CaCO_3$晶核的形成和增强结晶体间的黏附力。排水管管壁生成的一层结晶体,对新的晶核将产生很强的黏附力,导致结晶体容易继续堆积,如此不断循环,以致堵塞排水管。

排水管管壁的光滑程度直接影响结晶体的附着性能,管壁越光滑,结晶体越不容易在排水管内壁黏附,堵塞情况愈不易发生。虽然隧道排水管材质通常是惰性的,但实际上排水管表面是凹凸不平的,尤其是单壁波纹管,其表面实质是粗糙面,有利于结晶体黏附在排水管内壁上。

排水管管径对结晶沉积也有重要影响。管径过小，则少量岩石碎屑、结晶颗粒更易堵塞排水管；管径过大，则水流难以充满全部管道，水流流速更小，结晶体更易在管道中沉积堵塞。管径过大的情况下施工难度和成本也会倍增，故管径的设计应因地制宜，根据地下水量和隧道排水需要经计算确定。此外，排水管坡度越缓，水流流速越缓慢，越易于结晶沉淀的形成。从排水系统施作上来讲，不严格按照设计要求施作排水管或施工行为不规范都会加剧排水管的结晶堵塞情况，如排水管坡度起伏、施工废弃物堆积、排水管破损等，这些都可能导致排水管内水溶液流动不畅，造成隧道排水管结晶堵塞。

第四节　结　　论

本章对隧道排水系统结晶堵塞的机理和影响因素进行了分析，阐释了隧道排水系统结晶体主要成分 $CaCO_3$ 的来源及结晶理论基础，探究了地下水与喷射混凝土的化学反应过程、地下水对混凝土的侵蚀过程、排水管溶液中结晶析出过程、排水管内结晶体沉积堵塞过程 4 个隧道排水系统结晶堵塞的过程，并详细论述了围岩类型、地下水中离子种类和含量、喷射混凝土材料、温度、pH 值、CO_2 分压、排水管特性这 7 个主要因素，对隧道排水系统结晶的影响。

第四章　室内模型试验探索

第一节　概　　述

为了探究公路隧道排水系统结晶堵塞机理，分析隧道排水系统结晶堵塞的发展过程，我们研制了可模拟隧道初期支护混凝土、地下水渗流过程、隧道排水系统的试验装置，通过该试验装置模拟富水隧道排水系统渗流结晶过程，并通过对渗流水 pH 值、总碱度、Ca^{2+} 浓度以及排水管内结晶量的检测分析，研究速凝剂掺量、地下水水质对结晶体生成量的影响规律。

同时，为了提出预防隧道排水系统结晶堵塞的隧道喷射混凝土配合比设计方案，采用 $L_{16}(4^5)$ 正交试验探究喷射混凝土基本配合比、粉煤灰掺量、硅灰掺量、速凝剂掺量和减水剂掺量对渗流结晶的影响规律，从而确定各因素影响隧道排水管结晶堵塞的主次关系并对隧道施工混凝土的配合比设计进行优化。试验的主要内容包括以下三个专题：

专题一——水质对隧道喷射混凝土析晶的影响

试验采用多次单因素方法进行，分析不同单因素影响水平下的隧道渗流结晶规律。第一组试验模拟一般水质条件下，不同速凝剂掺量所对应的隧道渗流结晶情况。

专题二——速凝剂种类对隧道喷射混凝土析晶的影响

第二组试验模拟重碳酸盐水质条件下，不同速凝剂掺量所对应的隧道渗流结晶情况。通过 pH 值、碱度、Ca^{2+} 浓度等的变化曲线和结晶量探究隧道排水系统结晶堵塞机理，并对速凝剂掺量和水质两个影响因素进行探究。

专题三——隧道渗流结晶正交试验

采用 $L_{16}(4^5)$ 正交表，共需进行 16 组小试验，利用正交分析法和极差法分析混凝土基本配合比（水胶比、砂率）、粉煤灰掺量、硅灰掺量、速凝剂掺量和减水剂掺量对渗流结晶的影响规律，并总结影响隧道混凝土渗流结晶的主要因素，进而对隧道喷射混凝土配合比进行优化设计。

第二节　结晶成因试验Ⅰ——水质的影响分析

一、试验装置

(1)试验模型

模型思路:2015 年,长安大学叶飞课题组通过室内模型试验,研究岩溶地区隧道排水管结晶堵塞现象。模型主要由供水装置、排水管、回水装置三部分组成,如图 4-1 所示。该模型通过控制供水装置中各离子浓度,采用水循环方式研究岩溶水在排水管上的结晶效果,但试验效果并不理想。后续对一些在建隧道进行现场调研,判断结晶体可能跟初期支护混凝土有关。因此,在该模型的基础上,设计了公路隧道渗流结晶全过程室内试验系统,该系统主要由隧道初期支护模型装置、水循环系统、排水系统三个部分组成,如图 4-2 所示。

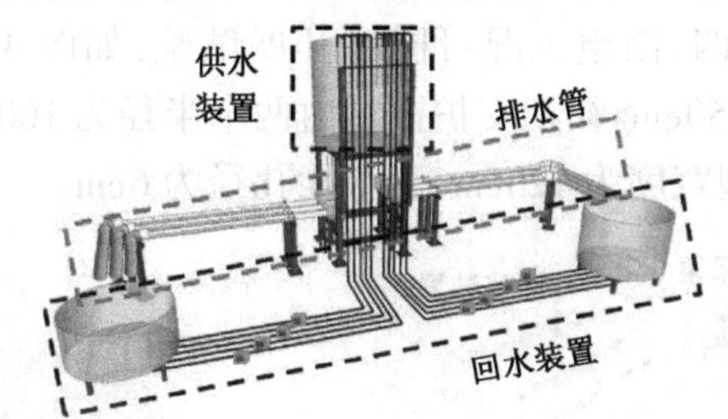

图 4-1　水循环模型三维效果图

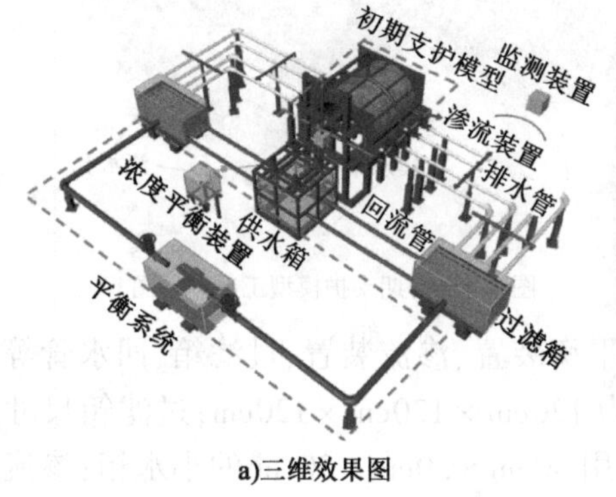

a)三维效果图

b)实物图

图 4-2　隧道渗流结晶模型

图 4-2 所示的隧道排水系统结晶堵塞模拟试验装置,在支座上设置有初期支护模型,初期支护模型前后两端设置有环向壁,左右两侧设置有集水槽,上表面设置有相互连通的纵向水管和环向水管,两侧集水槽上均连通有引水管,引水

管上设置有排水阀门并与排水管相连通，排水管与过滤装置相连通，排水系统由设置于地面的可调节支座支撑，过滤装置通过回水管与供水箱相连通。

(2)工作原理

将配制好的溶液加入供水箱中，此过程中若需要模拟不同的地下水质，可通过调节微型泵将浓度平衡装置中的高浓度溶液加入供水箱中；通过计量泵将供水箱中的溶液引至渗流装置，透过初期支护混凝土渗出，汇入集水槽；通过集水槽连接的流水孔流入排水管中，经过过滤箱通过回流管再流入供水箱。供水箱与渗流装置、浓度平衡装置相连通，从而真实模拟公路富水隧道的渗、排水过程，如图 4-3 所示。

初期支护模型装置由一个主承台和两个初期支护模型组成，初期支护模型底部设置流水孔，与承台集水槽孔相吻合。初期支护模型可进行拆卸更换，可根据实际情况在现场或实验室模拟隧道初期支护喷射混凝土，可循环利用模拟不同工况，研究初期支护材料对结晶堵塞的影响。初期支护模型可以分为工况一、工况二、工况三、工况四，四组工况可同时开展试验，如图 4-4 所示。主承台长 300cm、宽 258cm、高 150cm，初期支护模型由两个半径为 100cm 的钢板轧成半圆状，单个初期支护模型宽度为 125cm，流水孔孔径为 6cm。

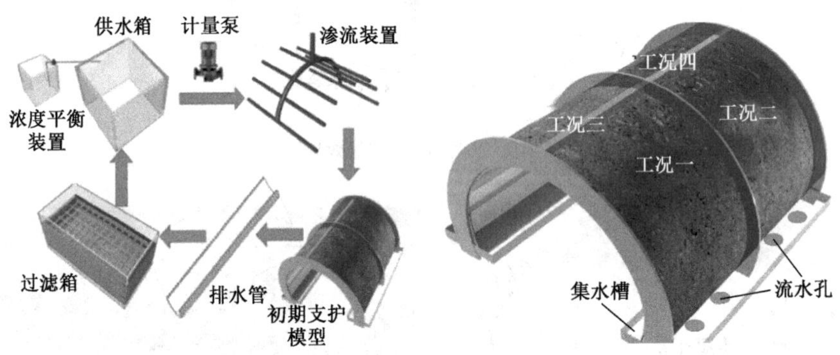

图 4-3　隧道渗流装置图　　　　图 4-4　初期支护模型工况布置图

水循环系统由供水箱、计量泵、浓度平衡装置、渗流装置、过滤箱、回水管等组成。供水箱采用有机玻璃材质，尺寸为 120cm × 120cm × 120cm；过滤箱尺寸为 80cm × 80cm × 80cm；浓度平衡装置采用 30cm × 30cm × 30cm 的小水箱；渗流装置采用直径为 20mm 的 PVC 管，并采用微型钻对排水管进行钻孔，钻孔位置与孔对应的弧板垂直，钻孔数量为 3 个/排，钻孔孔径为 0.1mm；回水管采用直径为 60mm 的 PVC 管；计量泵型号为 JK-LM300L/0.2MPa。

排水系统由横向排水管、纵向排水管、排水管支架组成。排水管采用

ϕ110mm 的双壁波纹管，横向、纵向排水管用弯头连接，排水管支架可进行高度调节，从而控制其坡度大小。横向排水管长度为 440cm，纵向排水管长度为 280cm，排水管支架由 70mm × 70mm 和 50mm × 50mm 的方管相套组成，通过方管上的螺栓可调节支架高度，进而调整排水系统坡度，调节范围在 110 ~ 150cm 之间。

本次试验所用模型原型隧道为云南南腊隧道。

模型隧道喷射混凝土厚度按照几何相似常数来确定，初期支护材料所用的水泥、碎石、河砂、速凝剂均与施工现场相同；采用模筑混凝土并加大水灰比的方法来模拟混凝土湿喷工艺；采用内置喷头装置模拟围岩岩隙水从初期支护背后各个方向涌入的实际工况，从而真实地模拟围岩岩隙水进入隧道排水管的过程，并通过全自动吸泵来调节水压的大小和水流速度；采用八根纵向排水管和八根横向排水管模拟隧道排水管，两侧各有四组横向、纵向排水管，从而根据现场排水管设置、材料等情况实现各种工况的模拟。

二、试验材料

①水泥。

陕西海螺牌 P · O 42.5，符合《通用硅酸盐水泥》（GB 175—2007）标准，其主要性能指标参数见表 4-1。

普通硅酸盐水泥技术性能　　表 4-1

项目	比表面积（m^2/kg）	烧失量（%）	碱含量（%）	凝结时间（min）		抗压强度（MPa）		抗折强度（MPa）	
				初凝	终凝	3d	28d	3d	28d
指标要求	≥300	≤5.0	≤0.6	≥45	≤600	≥17.0	≥42.5	≥3.5	≥6.5

②砂。

采用汉中河砂，主要技术要求见表 4-2。

建设用砂的指标要求　　表 4-2

项目	含泥量（%）	泥块含量（%）	氯化物含量（%）	轻物质含量（%）	云母含量（%）	硫化物含量（%）
指标要求	≤5.0	≤2.0	≤0.06	≤1.0	≤2.0	≤1.0

③碎石。

采用渭南山石，主要技术要求见表 4-3。

建设用碎石的指标要求　　表 4-3

项目	含泥量（%）	泥块含量（%）	硫化物含量（%）	针片状颗粒含量（%）	压碎指标（%）
指标要求	≤2.0	≤0.7	≤1.0	≤25	≤16

④速凝剂。

采用江苏××××科技有限公司生产的 CNF-ZW 型粉状速凝剂，厂家推荐掺量 3% ~6%，实际掺量 4% ~16%，主要技术指标见表 4-4。

速凝剂的主要技术指标　　表 4-4

指标型号	凝结时间(min)		1d 抗压强度(MPa)	28d 抗压强度比(%)
	初凝	终凝		
CNF-ZW	≤5	≤12	≥6	≥70
试验掺量	胶凝材料质量的 4% ~16%			

⑤渗流用水。使用一般自来水，基本指标见表 4-5。

渗流水基本指标　　表 4-5

种类	不溶物(g/mL)	可溶物(g/mL)	氢离子(g/mL)	碱含量(g/mL)	pH 值
自来水	372	158	240	381	6.7

三、试验方案

考虑富水隧道现场施工过程中速凝剂用量常常远超规范要求，以及依托工程中地下水富含重碳酸盐的实际情况，针对速凝剂掺量和地下水类型这两种主要影响因素进行试验研究。试验中主要测定指标为隧道排出溶液 pH 值、总碱度、Ca^{2+} 浓度和排水管内结晶体生成量。

试验采用单因素试验方法进行，主要分析不同单因素影响水平下隧道排水系统结晶情况的变化规律。试验模拟一般水条件下和重碳酸盐水质条件下的隧道渗流结晶情况。其中，重碳酸盐水质采用和施工现场相同的盐浓度水平，用碳酸氢钠模拟重碳酸盐水质，水箱溶液碳酸盐配制浓度为 250mg/L。具体设计方案见表 4-6。

隧道渗流结晶试验水平设计　　表 4-6

水平	因素 1(一般水)	因素 2(碳酸氢钠型水)
1	未掺速凝剂	未掺速凝剂
2	6% 掺量	6% 掺量
3	10% 掺量	10% 掺量
4	20% 掺量	20% 掺量

其中试验初期支护混凝土配合比与施工现场保持一致，配合比为水泥：砂子：碎石：水 =456：873：775：196(单位：kg/m^3)，速凝剂掺量分别设置为未掺、6%、10%、20%。排水管坡度设置为 1.5%。

四、试验步骤

(1)准备工作

试验准备工作如图 4-5 所示。

a)排水管提前称重

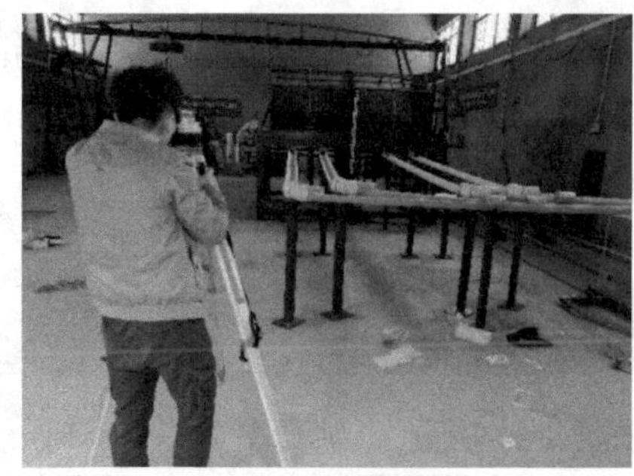
b)排水管坡度调整

c)渗流装置组装

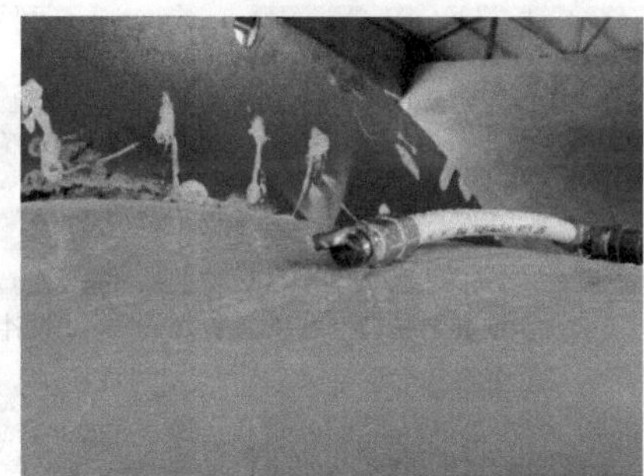
d)渗流装置试喷

图 4-5　试验准备工作

(2)初期支护混凝土制备

试验开始采用现场喷射方式制备混凝土,由于成本较高,后采用室内模拟喷射混凝土方式。现场喷射过程如图 4-6 所示,室内模拟喷射混凝土过程如图 4-7 所示。

a)原材料装运

b)初期支护模型吊装

c)初期支护模型拉运

图　4-6

d)现场拌料

e)现场湿喷

f)喷射完成

图 4-6 现场初期支护混凝土制备

a)试验材料称量

b)初期支护混凝土拌和

c)模具挡板固定

d)混凝土浇筑

e)搅拌棒振捣

f)木棍插捣

g)放置渗流装置

h)吊装初期支护承台

i)拆模进行试验

图 4-7 室内初期支护混凝土制备

(3)取样测定

取样测定过程如图 4-8 所示。

a)试验时间记录

b)渗流水取样

c)化学试剂配制

图 4-8

d)溶液离子浓度测定

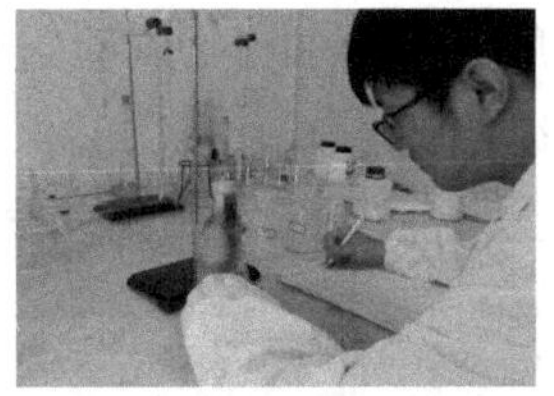
e)溶液pH值测定

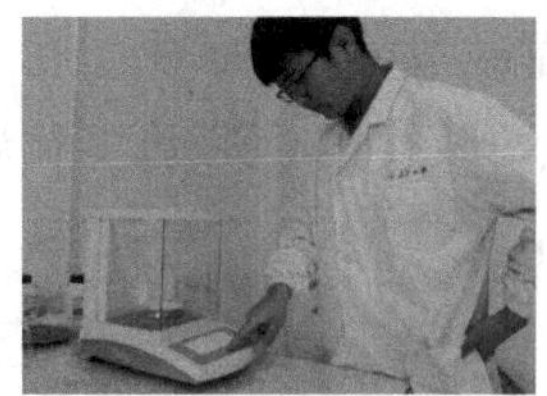
f)结晶体称量

图 4-8　取样测定过程

五、试验检测指标和检测方法

试验主要检测指标和检测方法见表 4-7。

试验主要检测指标和检测方法　表 4-7

检测指标	检测方法	检测原理
pH 值	数显式 pH 计法	通过对电位变化的测量，可得出溶液的 pH 值
Ca^{2+} 浓度	EDTA 滴定法	EDTA 中的钙黄绿素能与水中 Ca^{2+} 生成荧光黄绿色络合物，pH > 12 时，EDTA 夺取与钙红指示剂结合的钙，溶液紫红色消失，混合指示剂变成蓝色，即为终点
总碱度	酸滴定法	首先加入酚酞(红色)，盐酸滴定，水样变无色，盐酸消耗体积 C_1，此时水样中 OH^- 消耗完、CO_3^{2-} 全部转化为 HCO_3^-，pH 值为 8.3；而后加入甲基橙指示剂，继续用盐酸滴定，淡橘黄色变橘色，pH 值为 4.5 左右，盐酸消耗体积 C_2，所有 HCO_3^- 被中和；最后通过 C_1、C_2 计算总碱度、氢氧化物总碱度、碳酸盐总碱度、重碳酸盐总碱度
结晶质量	称重法	结晶体在排水管上沉积质量 = 试验结束后排水管的质量 - 试验前排水管的质量

通过对比排水管结晶体生成量以及排水管流出溶液总钙量，可以对混凝土衬砌钙流失情况进行判断。排水管流出溶液总钙量可以按照式(4-1)计算。

$$X = \int_0^{99} c(Ca^{2+})vt\mathrm{d}t = 3.6\times10^{-3}v\int_0^{99} c(Ca^{2+})t\mathrm{d}t \tag{4-1}$$

式中：X——排水管流出溶液总钙量(以 Ca^{2+} 计，g)；

$c(Ca^{2+})$——钙离子浓度，mg/L；

v——排水管流出溶液流速，mL/s；

t——时间，h。

六、试验结果分析

(1)一般水质

为了探明结晶体的化学成分，对排水管生成物进行 XRD 测定。结果表明，

结晶体成分为 $CaCO_3$。在一般水质条件下，试验过程中排水管流出溶液的 pH 值、总碱度、Ca^{2+} 浓度变化规律如图 4-9 所示。

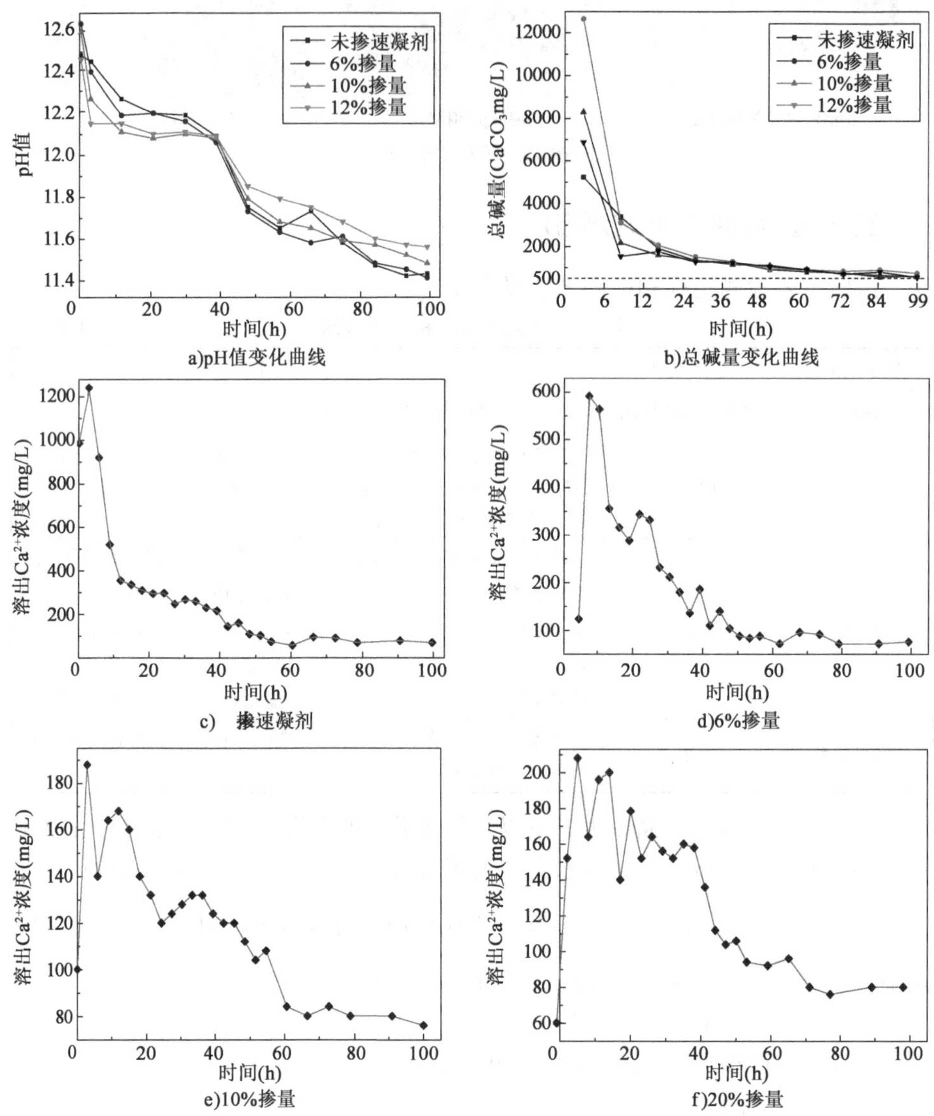

图 4-9 不同速凝剂掺量排水管流出溶液 pH 值、总碱量、Ca^{2+} 浓度变化曲线

由图 4-9a）可以看出，不同速凝剂掺量 pH 值变化趋势大致相同，均呈现快速下降趋势；每种速凝剂掺量条件下排水管流出溶液的 pH 值都位于较高水平，为 11.4 ~ 12.6。

由图4-9b)可以看出，在不同速凝剂掺量条件下，总碱度变化趋势相同，初始值较大，之后快速下降，而后平稳下降，且速率不断减缓。初始总碱度在6%掺量下最大，高达12650$CaCO_3$mg/L，在未掺速凝剂最小，为5246$CaCO_3$mg/L；每种速凝剂掺量条件下排水管流出溶液均属于高碱性溶液，均大于500$CaCO_3$mg/L。

地下水在混凝土中渗流时，会将混凝土中的水泥水化产物带出，尤其是在建隧道，混凝土中的水泥水化不完全，孔隙率较大，Ca^{2+}更易被大量带出，表现为排水管流出溶液呈高pH值、高碱特性。

由图4-9c)～f)可看到不同速凝剂掺量下，排水管流出溶液的Ca^{2+}浓度呈整体下降趋势。其中，未掺速凝剂和6%速凝剂掺量相较10%和20%速凝剂掺量的变化幅度更大，在最初几小时内骤降，而后平稳下降，且下降速率逐渐减缓，最终趋于稳定。未掺速凝剂时变化幅度在68～1216mg/L之间，6%掺量时变化幅度在72～592mg/L之间，10%掺量时变化幅度在76～188mg/L之间，20%掺量时变化幅度在76～208mg/L之间。

在对排水管溶出Ca^{2+}浓度测定过程中发现，不同速凝剂的第一次测定值均小于第二次测定值，原因可能是地下水渗流初期，水和混凝土没有充分接触，携带出来的Ca^{2+}较少。

为了便于与排水管内结晶体生成量进行对比，将排出水Ca^{2+}的质量换算为碳酸钙的质量，见表4-8。

不同速凝剂掺量条件下流出溶液总钙量和管内结晶体质量 表4-8

速凝剂掺量(%)	未掺速凝剂	6	10	20
流出溶液总钙量(g)	212.336	150.134	98.629	107.368
管内结晶体质量(g)	290.022	40.325	22.058	30.144

空白对照试验和结晶体成分检测结果表明，碳酸钙结晶体中钙的主要来源是水泥，因为水泥水化过程中会产生大量氢氧化钙，地下水在混凝土内部渗流过程中会将混凝土中的钙物质带出，而后在高碱性溶液条件下生成碳酸钙，最终大量堆积在排水管上。

对比不同掺量流出溶液总钙量和排水管最终称重质量可以发现：①流出溶液总钙量和管内结晶体质量大小关系都是：未掺速凝剂 > 6%掺量 > 20%掺量 > 10%掺量。其中，排水管内结晶量未掺速凝剂远大于其他掺量，10%掺量最小，20%掺量略大于10%掺量，说明掺加速凝剂对钙的流失有较好的改善效果，但并不是速凝剂掺量越大越好，若速凝剂掺量过大，过量速凝剂会阻碍水在水泥中的均匀扩散，使得部分水泥将水包裹在内，硬化后形成气孔，而另一部分水泥由于水分不足而干缩，从而产生裂纹，裂纹的产生为混凝土中的钙溶出提供了更多的过水通道，从而产生更多的结晶体。因此，工程实际中通过单一地增加速凝剂掺量来减少结晶体的生成量并不是有效的做法。②不添加速凝剂条件下管内结晶体质量大于流出溶液总钙量，添加速凝剂条件下流出溶液总钙量都比管内结晶体质量多，说明在实际隧道工程中，一般水质条件下初期支护混凝土损失的钙主要以 Ca^{2+} 形式流失。

(2)碳酸氢钠型水质

控制其他因素不变，在一般水质中加入碳酸氢钠固体，水质变为 250mg/L 的碳酸氢钠型水质。试验期间定时对管道拍照，并在试验完成后对管道内的结晶体进行称重，对比不同掺量对结晶体生成量的影响。4 种速凝剂掺量下一般水质和碳酸氢钠型水质条件下管内结晶情况对比如图 4-10 所示。

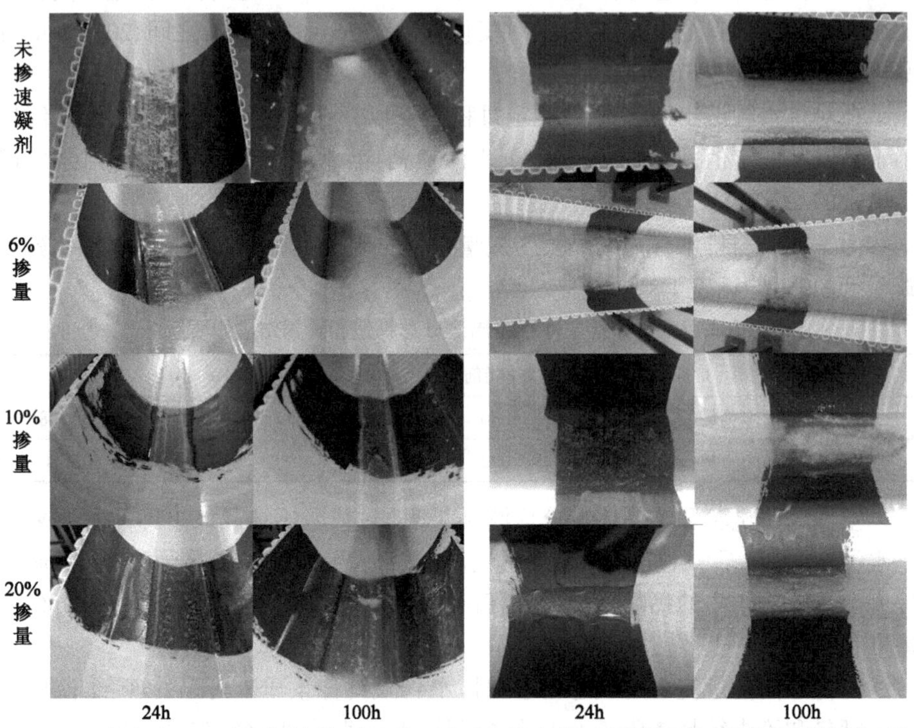

图 4-10　一般水质(左 2 列)、碳酸氢钠(右 2 列)型水质条件下不同速凝剂掺量排水管结晶体沉积对比图

对比不同水质条件下排水管内结晶体的生成量，可以看出：在添加速凝剂的条件下，碳酸氢钠型水质在第 24h 就已出现了较多结晶体，而在一般水质条件下第 24h 结晶体相对较少，说明结晶体在碳酸氢钠型水质条件下生成更快。对比试验结束后排水管上的沉积量，4 种速凝剂掺量下排水管内结晶体在碳酸氢钠型

水质条件下比在一般水质条件下排水管上最终沉积量都要多，未掺速凝剂和6%掺量尤其明显。分析原因：在地下水渗流过程中，HCO_3^- 会直接和水泥水化产物氢氧化钙发生化学反应，生成碳酸钙，反应方程式见式(4-2)：

$$HCO_3^- + Ca^{2+} + OH^- \longrightarrow CaCO_3\downarrow + H_2O \tag{4-2}$$

试验中定时对隧道排出溶液的 pH 值、Ca^{2+} 浓度、总碱度进行测定，试验结束后绘制了不同掺量条件下 pH 值、总碱度、Ca^{2+} 浓度变化折线图，如图 4-11 所示。

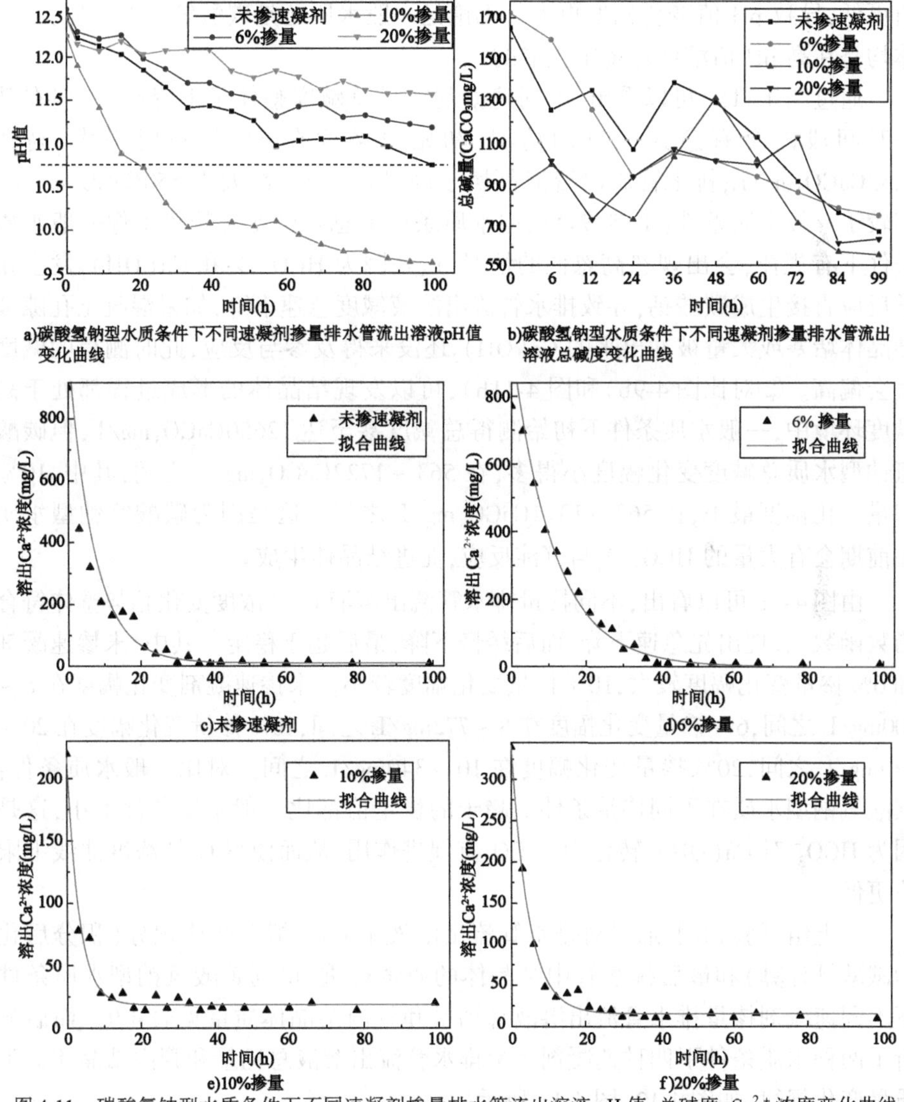

图 4-11　碳酸氢钠型水质条件下不同速凝剂掺量排水管流出溶液 pH 值、总碱度、Ca^{2+} 浓度变化曲线

通过图4-11a)可以看出，不同速凝剂掺量在碳酸氢钠型水质条件下pH值变化趋势相同，整体快速下降。其中，未掺速凝剂、6%掺量和20%掺量的pH值变化幅度在10.75～12.55之间，10%掺量的pH值变化幅度最大，在9.62～12.25之间。对比图4-11a)和图4-9a)可知，相较于一般水质条件，碳酸氢钠型水质条件会提供直接与$Ca(OH)_2$反应的HCO_3^-，排水管流出溶液pH值变化速率更快，同时降低了排水管溶液中的OH^-和HCO_3^-浓度，使得pH值变化折线图中下限值更低，导致pH值变化幅度更大。无论是一般水质还是碳酸氢钠型水质，结晶体均是在高pH值溶液环境中生成的。

通过图4-11b)可以看出，不同速凝剂掺量总碱度整体呈下降趋势，但在某一时间段内会有急速上升的情况；初始总碱度在6%掺量时最大，高达1252$CaCO_3$mg/L；排水管流出溶液都属于高碱性溶液，都大于550$CaCO_3$mg/L。相较于一般水质条件：①碳酸氢钠型水质条件下总碱度变化趋势不像一般水质条件下有规律，会出现忽高忽低的情况，这是因为HCO_3^-会和$Ca(OH)_2$发生化学反应直接生成碳酸钙，导致排水管流出溶液碱度急速下降；如果混凝土孔隙被结晶体堵塞或大量被冲出来的$Ca(OH)_2$还没来得及参与反应，此时测得的碱度就会偏高。②对比图4-9b)和图4-11b)，可以发现结晶体的形成过程都处于高碱度环境中，一般水质条件下初始测得总碱度甚至达12650$CaCO_3$mg/L，但碳酸氢钠型水质总碱度变化幅度小得多，在563～1722$CaCO_3$mg/L之间，其中，10%掺量变化幅度最小，在563～1314$CaCO_3$mg/L之间。这是因为碳酸氢钠型水质在前期会有大量的HCO_3^-参与沉淀反应，促进结晶体生成。

由图4-11可以看出，不同掺量排水管流出溶液Ca^{2+}浓度变化趋势整体符合指数函数，表现出先急速下降，而后缓慢下降，最后趋于稳定。其中，未掺速凝剂和6%掺量变化幅度较大，10%掺量变化幅度较小。未掺速凝剂变化幅度在8～900mg/L之间，6%掺量变化幅度在8～772mg/L之间，10%掺量变化幅度在20～220mg/L之间，20%掺量变化幅度在10～340mg/L之间。对比一般水质条件：碳酸氢钠型水质在不同掺量条件下趋于的稳定值都比一般水质条件下小，这是因为HCO_3^-对$Ca(OH)_2$转化为$CaCO_3$有促进作用，从而使得Ca^{2+}浓度曲线下限值更低。

与上组试验相同，通过对排水管流出溶液中Ca^{2+}拟合曲线积分(积分后化为碳酸钙计算)和最后排水管中结晶体的质量称重，得到碳酸氢钠型水质条件下不同速凝剂掺量排水管流出溶液总钙量和管内结晶体质量见表4-9。而后分析了两种水质条件下四种速凝剂掺量排水管流出溶液总钙量和管内结晶体称重质量变化规律，如图4-12、图4-13所示。

碳酸氢钠型水质条件下不同速凝剂掺量流出溶液总钙量和管内结晶体质量　　表 4-9

速凝剂掺量(%)	未掺速凝剂	6	10	20
流出溶液总钙量(g)	352.742	431.132	98.494	121.05
管内结晶体质量(g)	560.125	424.983	86.952	102.412

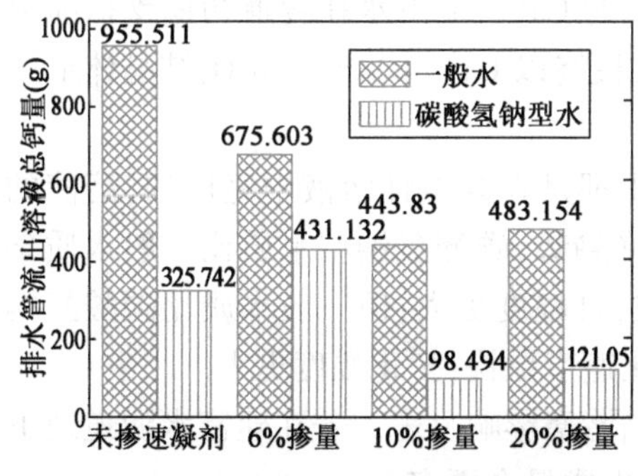

图 4-12　不同水质四种速凝剂掺量条件下排水管流出溶液总钙量对比图

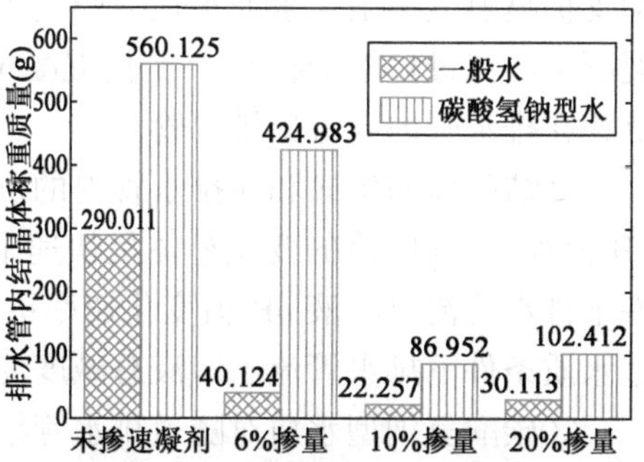

图 4-13　不同水质四种速凝剂掺量条件下排水管内结晶体称重质量对比图

对比不同掺量排水管流出溶液总钙量和排水管最终称重质量可以发现，排水管流出溶液总钙量大小关系为：未掺速凝剂 > 6% 掺量 > 20% 掺量 > 10% 掺量，排水管内结晶体质量大小关系为：未掺速凝剂 > 6% 掺量 > 20% 掺量 > 10% 掺量。其中，未掺速凝剂和 6% 掺量排水管内结晶量远大于其他掺量，10% 掺量最小。对比排水管流出溶液总钙量和排水管内结晶体质量，发现未掺速凝剂排水管内结晶体质量大于排水管流出溶液总钙量，6%、10%、20% 掺量条件下两个指标数值相差不大，说明在喷射混凝土早期阶段，重碳酸盐地下水隧道初期支护混凝土损失的钙主要以两种方式存在，一是以 $CaCO_3$ 晶体形式沉积在排水管内，二是以 Ca^{2+} 形式被带出排水管。

分析图 4-12 和图 4-13 可知，相较于一般水质，在碳酸氢钠型水质试验工况下，排水管内的结晶量更多，表明碳酸氢钠型水质是影响隧道排水管结晶堵塞的重要因素。富含重碳酸盐地下水的隧道中，HCO_3^- 与 Ca^{2+} 在碱性环境中的沉淀反应，导致地下水在混凝土渗流过程中，大量渗流出的钙物质会以 $CaCO_3$ 晶体形式沉积在排水管内。而相较于碳酸氢钠型水质，一般水质条件下排水管流出溶液总钙量较多，分析原因：水泥水化反应生成大量 $Ca(OH)_2$，地下水在初期支护混凝土渗流的过程中会将 $Ca(OH)_2$ 带出，随后在排水管中与空气中 CO_2 反应或在一定的物理化学条件下生成 $CaCO_3$，由于该过程与 CO_2 分压、$Ca(OH)_2$ 浓度、排水管水溶液物理化学条件、排水管沉积条件等众多因素密切相关，一般水质条件下大量 Ca^{2+} 会直接通过排水管流走。

七、结论

①在建隧道排水管结晶体主要成分为 $CaCO_3$，结晶体中钙的主要来源是初期支护喷射混凝土。水泥水化会产生大量的 Ca^{2+}，地下水在隧道初期支护喷射混凝土渗流过程中会将 Ca^{2+} 带离混凝土，最终以 Ca^{2+} 形式或 $CaCO_3$ 结晶体形式沉积在排水管内或流出排水管。

②结晶体的生成和在排水管内的沉积都是在高碱性溶液中完成的，溶液的 pH 值很大。pH 值的变化整体呈快速下降趋势，碳酸氢钠型水质比一般水质条件下排水管流出溶液 pH 值变化速率更快，且幅度更大；但一般水质比碳酸氢钠型水质条件下排水管流出溶液总碱度变化速率更快，变化幅度更大。

③碳酸氢钠型水质对隧道排水管结晶堵塞影响显著。若在建富水隧道地下水中富含碳酸氢根，则排水管中结晶体的生成量会更多。

④试验混凝土采用人工拌和，孔隙率相较于现场喷射混凝土要大，但不同速凝剂掺量、不同水质之间的对比关系可为现场施工提供具体的指导。

第三节　结晶成因试验Ⅱ——速凝剂的影响分析

一、速凝剂的作用机理

不同种类速凝剂主要成分不同，促凝机理也不一样。目前，国内速凝剂主要分为有碱速凝剂、无碱速凝剂和有机复合速凝剂三类。本书中我们主要通过前两类速凝剂来分析速凝剂对喷射混凝土 Ca^{2+} 溶蚀的影响。

1. 铝酸钠型速凝剂

目前有碱速凝剂的促凝成分主要为铝酸钠 $NaAlO_2$[78]。铝酸钠型速凝剂促凝作用的发挥主要通过消耗水泥中的缓凝物质（石膏 $CaSO_4$），以保证 C_3A 快速水化生成中间水化产物水化铝酸钙 C_3AH_6，进而 C_3AH_6 继续发生反应生成 $3CaO \cdot Al_2O_3 \cdot 3CaSO_4 \cdot 32H_2O$，即钙矾石（AFt）。AFt 的生成会结合大量游离水，使整个水泥浆体迅速凝结硬化。$NaAlO_2$ 的水化反应分为两个过程。

过程Ⅰ：$NaAlO_2$ 溶于水，生成的 NaOH 使得石膏 $CaSO_4$ 的缓凝效应失效，如式(4-3)、式(4-4)所示。该反应生成的 NaOH 能够打破水泥颗粒上附着的低分子量的 C—S—H 薄膜,有助于加快水泥颗粒的水化进程[79]。

$$NaAlO_2 + 2H_2O = Al(OH)_3 + NaOH \tag{4-3}$$

$$2NaOH + CaSO_4 = Na_2SO_4 + Ca(OH)_2 \tag{4-4}$$

石膏缓凝作用失效的同时,C_3A 快速水化生成水化铝酸钙 C_3AH_6晶体,并与 AFt 及钠长石晶体发生反应,形成相互攀附的网络结构,进而对水泥颗粒产生"桥连"作用而实现速凝[80-81],如式(4-5)、式(4-6)所示。

$$3CaO \cdot Al_2O_3 + 6H_2O = 3CaO \cdot Al_2O_3 \cdot 6H_2O \tag{4-5}$$

$$3CaO \cdot Al_2O_3 \cdot 6H_2O + 3CaSO_4 + 26H_2O = 3CaO \cdot Al_2O_3 \cdot 3CaSO_4 \cdot 32H_2O \tag{4-6}$$

$NaAlO_2$通过式(4-4)将 C_3A 表面的 $CaSO_4$ 以离子(Ca^{2+}、SO_4^{2-})的形式迁移至远离 C_3A 表面的位置,这一过程为 AFt 在远离 C_3A 表面位置处成核—结晶—沉淀提供了支持,有助于整个水泥体系快速凝结,如图 4-14 所示。

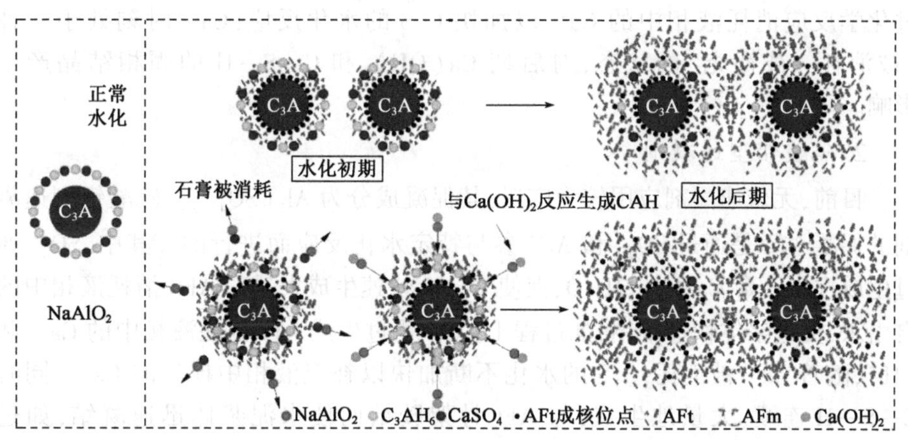

图 4-14 铝酸钠型速凝剂参与水化反应的过程

过程 Ⅱ:$NaAlO_2$溶于水后,直接与液相中的 Ca^{2+} 反应,生成水化铝酸钙 C_3AH_6,同样促进 AFt 的生成,生成的大量 AFt 互相联结使水泥浆失去可塑性,宏观上表现为水泥浆体逐渐凝固,该过程发生的反应为式(4-7)、式(4-8)[82-83]。同时,C_3AH_6在液相中随机分布生成,也为 AFt 提供了成核位点,加速水泥颗粒之间的快速"桥连",如图 4-14 所示。

$$3CaO \cdot SiO_2 + nH_2O = xCaO \cdot SiO_2 \cdot yH_2O + (3-x)Ca(OH)_2 \tag{4-7}$$

$$2NaAlO_2 + 3Ca(OH)_2 + 4H_2O = 3CaO \cdot Al_2O_3 \cdot 6H_2O + 2NaOH \tag{4-8}$$

在过程 Ⅰ 中,$NaAlO_2$溶于水生成的 NaOH 与水泥中的石膏 $CaSO_4$反应生成

$Ca(OH)_2$，将会对液相中 $Ca(OH)_2$ 的浓度产生影响。$NaAlO_2$ 的促凝机理主要是加快 AFt 的生成速度，钙矾石 AFt 快速且大量地生成将会更多地结合液相中的自由水，此时液相中 $Ca(OH)_2$ 的饱和浓度将受到影响。此外，当液相中大量自由水转化为结合水后，整个喷射混凝土将逐步由流塑状态转变为塑性状态，在宏观上表现为喷射混凝土的凝结硬化。

在过程Ⅱ中，$NaAlO_2$ 将直接与液相中的 Ca^{2+}、OH^- 反应，生成中间水化产物，即水化铝酸钙 C_3AH_6。当液相中的 Ca^{2+} 被铝酸钠 $NaAlO_2$ 消耗后，为保持液相中原有的离子浓度平衡，此时 C_3S 将加快水化速度，以补充液相中被消耗的 Ca^{2+}。C_3S 快速水化生成的水化硅酸钙凝胶 C—S—H 将与 C_3A 水化生成的 AFt 交联生成，使整个喷射混凝土体系逐步凝结硬化。

综上所述，铝酸钠 $NaAlO_2$ 主要通过两种方式影响 $Ca(OH)_2$ 和 C—S—H 生成：①$NaAlO_2$ 加快水泥水化进程，大量消耗喷射混凝土体系中的自由水，导致水化反应生成的 $Ca(OH)_2$ 和 C—S—H 在液相中的饱和浓度发生变化；②通过化学反应消耗液相中的 Ca^{2+} 以加快 C_3S 的水化反应，Ca^{2+} 时刻处于一种“被消耗—被补充”的状态，对后期 $Ca(OH)_2$ 和 C—S—H 的固相结晶产生影响。

2. 硫酸铝型速凝剂

目前，无碱速凝剂应用较为广泛，其促凝成分为 $Al_2(SO_4)_3$。硫酸铝型速凝剂的促凝[84-85]是通过 SO_4^{2-} 和 Al^{3+} 参与特定水化反应而进行的。其中，SO_4^{2-} 通过生成次生石膏 $CaSO_4 \cdot 2H_2O$，促使 C_3AH_6 快速生成大量的 AFt，消耗液相中的自由水，促进浆体快速凝结，如过程Ⅰ；Al^{3+} 通过生成 AFt 消耗液相中的 Ca^{2+} 和 OH^-，随着 Ca^{2+} 被消耗，C_3S 的水化不断加快以补充液相中损失的 Ca^{2+}，同时 C—S—H 连续、大量地生成，与 AFt 骨架胶结而使水泥浆体迅速凝结，如过程Ⅱ。

过程Ⅰ：$Al_2(SO_4)_3$ 溶于水后电离出大量的 SO_4^{2-}，SO_4^{2-} 通过结合 C_3S 水化生成的 Ca^{2+} 生成次生石膏 $CaSO_4 \cdot 2H_2O$，反应式如式(4-9)所示。

$$3SO_4^{2-} + 3Ca^{2+} + 6H_2O = 3(CaSO_4 \cdot 2H_2O) \tag{4-9}$$

生成的次生石膏 $CaSO_4 \cdot 2H_2O$ 更易与 C_3A 反应，从而加快 AFt 的生成，形成相互搭接的骨架结构，实现水泥浆的快速凝结，如图 4-15 所示，反应式如式(4-10)所示。

$$3CaO \cdot Al_2O_3 \cdot 6H_2O + 3(CaSO_4 \cdot 2H_2O) + 20H_2O = 3CaO \cdot Al_2O_3 \cdot 3CaSO_4 \cdot 32H_2O(AFt) \tag{4-10}$$

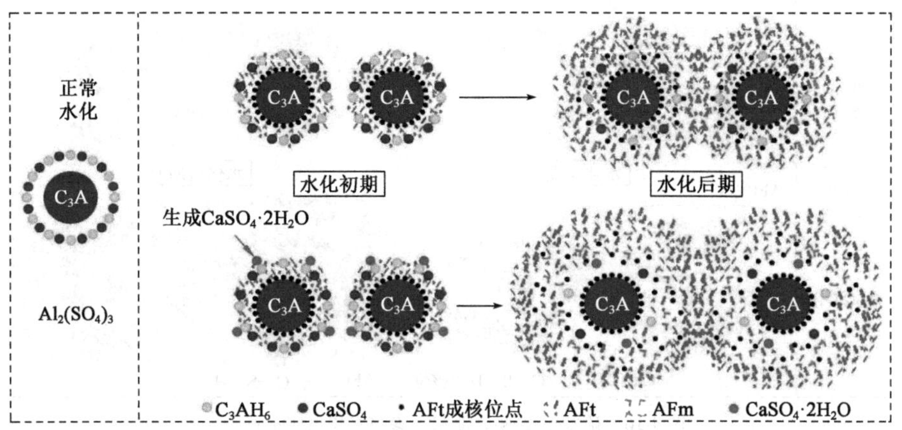

图 4-15　硫酸铝型速凝剂中 SO_4^{2-} 参与水化反应示意图

过程Ⅱ：$Al_2(SO_4)_3$溶于水后，Al^{3+}与液相中的 OH^- 反应，反应式如式(4-11)所示。生成的$[Al(OH)_6]^{3-}$与液相中的 Ca^{2+}、SO_4^{2-}及自由水结合生成钙矾石，钙矾石的快速生成消耗了大量的自由水，使得浆体的流动性丧失，从而快速凝结，反应式如式(4-12)[86]所示。Ca^{2+}、OH^-的消耗会进一步促进 C_3S 的水化反应，由于液相中 Ca^{2+}被迅速化合，因此 C_3S 水化形成的 C—S—H 处于低钙硅比的水平，此时 C—S—H 层的渗透性较好，水得以不断透过 C—S—H 层向 C_3S 内部扩散，C_3S 内部的 Ca^{2+} 可以向外扩散进入溶液中，水化诱导期的时间明显缩短[87]。

在 $Al_2(SO_4)_3$存在的情况下，溶解的硫酸盐和 Al^{3+}可以立即与 Ca^{2+}发生反应，产生纳米级 AFt，作为成核种子诱导 C—S—H 的成核，从而水泥水化诱导期显著缩短，水泥浆体更快凝结[88]。这一过程体现为两个方面：其一，$Al_2(SO_4)_3$在溶液中耗尽 Ca^{2+}，从而加速整个 C_3S 系统的溶解；其二，远离 C_3S 表面的 AFt 可作为成核种子，为 C—S—H 提供成核位点，加速远离 C_3S 表面 C—S—H 凝胶的形成。在这种情况下，C_3S 的“保护层效应”[89]将减弱，有利于 Ca^{2+}的进一步溶解，并且缩短诱导期，该过程如图 4-16 所示。

$$Al^{3+} + 3OH^- \rightleftharpoons Al(OH)_3 \quad Al(OH)_3 + 3OH^- \rightleftharpoons [Al(OH)_6]^{3-} \tag{4-11}$$

$$2[Al(OH)_6]^{3-} + 6Ca^{2+} + 3SO_4^{2-} + 26H_2O = 3CaO \cdot Al_2O_3 \cdot 3CaSO_4 \cdot 32H_2O \tag{4-12}$$

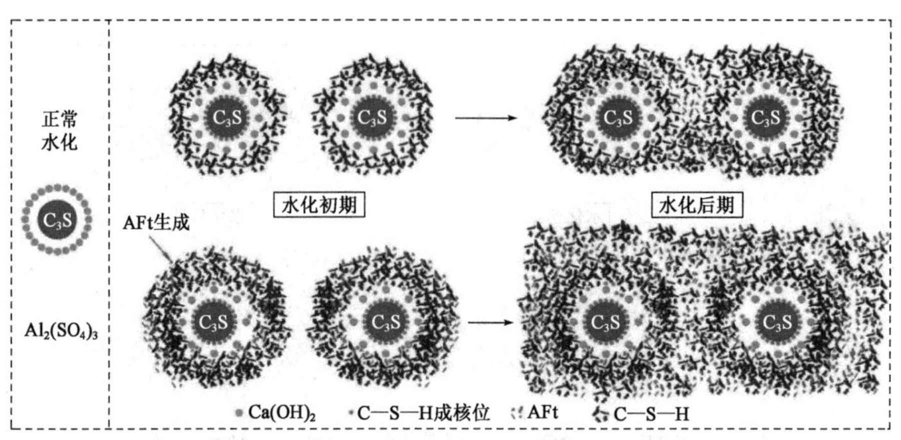

图 4-16 硫酸铝型速凝剂 Al^{3+} 参与水化反应示意图

在过程Ⅰ中,SO_4^{2-} 通过结合液相中由 C_3S 水化产生的 Ca^{2+} 生成次生石膏 $CaSO_4 \cdot 2H_2O$,进而次生石膏 $CaSO_4 \cdot 2H_2O$ 结合 C_3A 快速生成 AFt。由于 AFt 的生成是持续存在的,因此 Ca^{2+} 时刻处于一种"被消耗—被补充"的状态,直至参与水化反应的 C_3S 消耗殆尽。在这一过程中,$Al_2(SO_4)_3$ 中的 SO_4^{2-} 主要通过加速 C_3S 的水化从而影响整个喷射混凝土体系中 Ca^{2+} 的变化,同时 C—S—H 的生成量也将受到影响。

而在过程Ⅱ中,$Al_2(SO_4)_3$ 的 Al^{3+} 以相似的方式加速了 C_3S 的水化,与 SO_4^{2-} 不同的是,Al^{3+} 先与液相中的 OH^- 反应生成中间产物 $[Al(OH)_6]^{3-}$,再与液相中的 Ca^{2+} 结合生成 AFt,其本质也是促进 C_3S 的水化,从而改变液相中 Ca^{2+} 的溶解-结晶平衡以及 C—S—H 的生成量。

从以上分析可知,对于硫酸铝型速凝剂而言,其影响 $Ca(OH)_2$ 和 C—S—H 生成的方式与铝酸钠型速凝剂相似,也是通过消耗喷射混凝土体系中的自由水,从而改变 $Ca(OH)_2$ 和 C—S—H 在液相中的饱和浓度,以及通过化学反应消耗液相中的 Ca^{2+} 进而对 $Ca(OH)_2$ 和 C—S—H 的固相结晶过程产生影响。

综上所述,无论是铝酸钠型速凝剂还是硫酸铝型速凝剂,均会加速喷射混凝土中水泥的水化过程,从而影响含钙水化物[如 $Ca(OH)_2$ 和 C—S—H]的生成,对喷射混凝土后续发生钙溶蚀产生影响。本节并未给出两种速凝剂对含钙水化物影响的定量分析,而是从两种速凝剂的作用机理出发,分析其对含钙水化物生成产生的影响,以证明速凝剂在喷射混凝土凝结硬化阶段已经对后期可能发生钙溶蚀的水化产物造成了影响,后续章节将通过室内试验进一步分析掺入速凝剂的喷射混凝土发生钙溶蚀的实际情况。

二、试验步骤

本小节主要针对速凝剂掺量对喷射混凝土钙溶蚀的影响开展试验，同时考虑依托工程地下水中富含 HCO_3^- 的实际情况，在侵蚀液储存箱中配制浓度为 250mg/L 的碳酸氢钠溶液。本节共开展两次试验，各个工况下的速凝剂种类和掺量见表 4-10。

速凝剂种类和掺量的选取　　表 4-10

<table>
<tr><th>试验编号</th><th colspan="4">速凝剂种类和掺量</th></tr>
<tr><td rowspan="3">①</td><td colspan="4">$NaAlO_2$ 型速凝剂</td></tr>
<tr><td>工况一</td><td>工况二</td><td>工况三</td><td>工况四</td></tr>
<tr><td>0</td><td>1%</td><td>3%</td><td>5%</td></tr>
<tr><td rowspan="3">②</td><td colspan="4">$Al_2(SO_4)_3$ 型速凝剂</td></tr>
<tr><td colspan="2">工况一</td><td colspan="2">工况二</td></tr>
<tr><td colspan="2">3%</td><td colspan="2">5%</td></tr>
</table>

试验过程中定时在排水管末端对各排水管排出溶液分别进行取样、测定，主要测定指标为隧道排水管排出溶液 pH 值、Ca^{2+} 浓度和排水管内结晶体生成量。试验步骤如图 4-17 所示。

a)安装渗流装置

b)制作喷射混凝土试件

c)安装喷射混凝土试件

d)通水并开始试验

e)对排除溶液进行取样

f)测定pH值和Ca^{2+}浓度

图 4-17　试验步骤

①调节排水管坡度，清理各水箱管道，通水试运行，保证各管路通畅，并调节水流速度，做好准备工作；

②制作带有 4 个喷头的渗流装置，并安装在初期支护模型环向壁上，随后开始制作喷射混凝土试件；

③按照相应配合比对混凝土各材料称重后通过搅拌机混合搅拌，先将液体速凝剂与水混合，随后加入胶凝材料和集料并进行拌和，同时控制搅拌时间以防止混凝土过早凝结，搅拌均匀后灌入初期支护模型中；

④吊装初期支护模型至主承台，待混凝土终凝后通水，模拟溶蚀结晶过程；

⑤试验过程中对排水管流量进行动态监测，当水流量变化过大时注意及时调整；

⑥定时对排水管中结晶情况进行拍照记录，每隔 3h 对排水管排出溶液取样，对取样溶液进行 pH 值和 Ca^{2+} 浓度测定；

⑦试验结束后对排水管内结晶体质量进行称重，随后拆模并清洗模型装置。

排水管排出溶液 pH 值、Ca^{2+} 浓度、排水管内结晶体生成量的测试方法分别为：pH 值采用 pH 计测定，Ca^{2+} 浓度采用 EDTA 法测定，排水管内结晶体生成量采用称重方法测量。

三、试验现象

试验过程中每 3h 进行一次取样，共计 66h。室内喷射混凝土钙溶蚀试验初期支护喷射混凝土表面的结晶情况如图 4-18 所示。

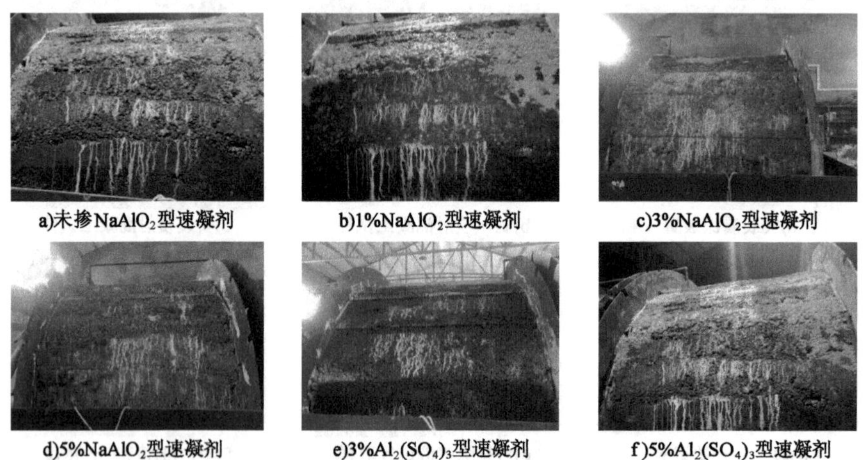

a)未掺 $NaAlO_2$ 型速凝剂　b)1%$NaAlO_2$ 型速凝剂　c)3%$NaAlO_2$ 型速凝剂

d)5%$NaAlO_2$ 型速凝剂　e)3%$Al_2(SO_4)_3$ 型速凝剂　f)5%$Al_2(SO_4)_3$ 型速凝剂

图 4-18　66h 时初期支护喷射混凝土表面的结晶情况

排水管内结晶情况如图 4-19 所示。

图 4-19　66h 时排水管内结晶情况

从图 4-18 和图 4-19 可以看出,室内试验初期支护喷射混凝土和排水管内的白色结晶体溶出情况与实际隧道初期支护上和排水管内的白色结晶体情况相似,试验成功再现了隧道喷射混凝土的钙溶蚀现象。

四、试验结果分析

1. pH 值变化情况

通过每隔 3h 测量溶出液的 pH 值和 Ca^{2+} 浓度,可以判断出各个工况下具体钙溶蚀特性。各个工况下的 pH 值变化情况如图 4-20、图 4-21 所示。

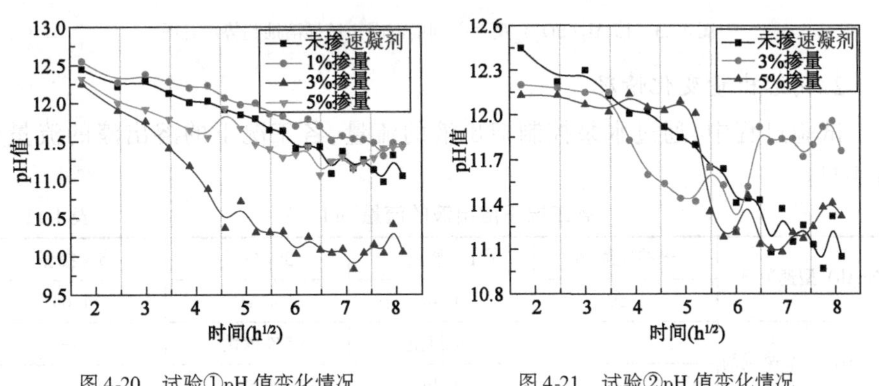

图 4-20　试验①pH 值变化情况　　图 4-21　试验②pH 值变化情况

从试验①中4个工况下溶出液的pH值变化情况可以看出，在1% $NaAlO_2$型速凝剂掺量下，溶出液中的pH值始终处于其他3个掺量之上，这表明1% $NaAlO_2$型速凝剂掺量的混凝土试件内部含碱物质溶出的程度始终高于其他3个掺量，溶蚀在持续发生，溶蚀前锋不断地向混凝土内部未溶蚀区域扩张，如图4-22所示；而3%、5% $NaAlO_2$型速凝剂掺量的混凝土试件pH值比未掺速凝剂的混凝土试件低，这表明相比于未掺速凝剂的混凝土试件，3%、5% $NaAlO_2$型速凝剂掺量的混凝土试件的溶蚀前锋的扩张速率更小，向混凝土内部未溶蚀区域的扩张趋势较小。

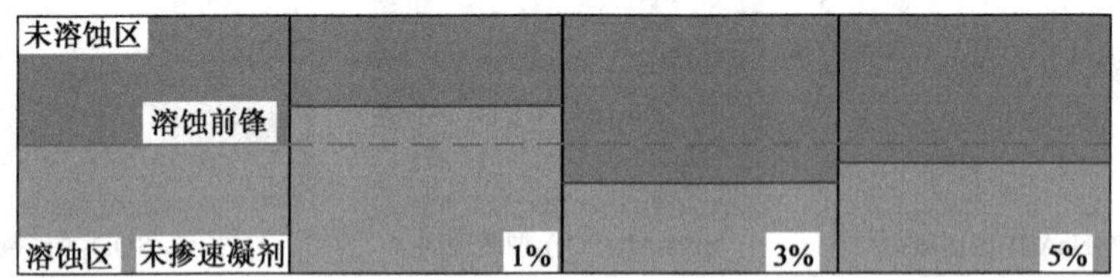

图4-22　掺$NaAlO_2$型速凝剂的混凝土试样溶蚀趋势示意图

同样地，对于掺3% $Al_2(SO_4)_3$型速凝剂的混凝土试件，其pH值在稳定期内处于未掺速凝剂和5%掺量之上，这表明3%掺量的混凝土试件内部的溶蚀前锋具有更强的扩张趋势，溶蚀程度更大，而5%掺量的混凝土试件溶蚀程度更小，如图4-23所示。

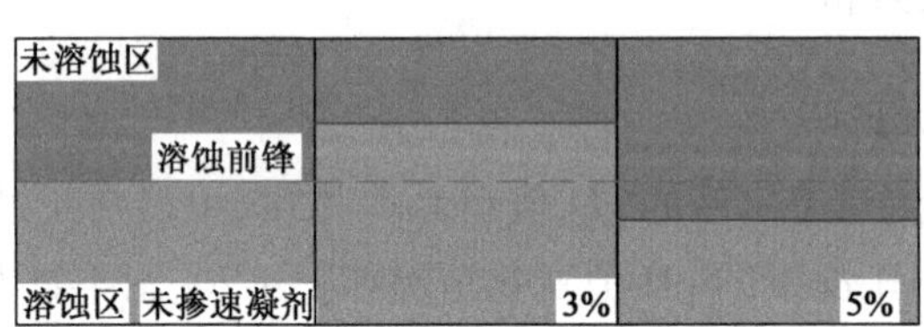

图4-23　掺$Al_2(SO_4)_3$型速凝剂的混凝土试样溶蚀趋势示意图

2. 钙溶出量变化情况

试验过程中，通过水泵控制溶出液的流量，各工况下的溶出液的流量见表4-11。

各工况下溶出液的流量(mL/s)　　表4-11

$NaAlO_2$型速凝剂	未掺速凝剂	1%掺量	3%掺量	5%掺量
	4.59	4.48	4.41	4.64
$Al_2(SO_4)_3$型速凝剂	—	3%掺量	5%掺量	—
	—	4.46	4.58	—

(1) $NaAlO_2$型速凝剂作用下的 Ca^{2+}溶出量

在为期 66h 的溶蚀过程中，试验①各工况下溶出液中 Ca^{2+}各个时段的浓度变化如图 4-24 所示，Ca^{2+}溶出量变化情况如图 4-25 所示。从 Ca^{2+}各个时段的浓度变化图中可以看出，各工况下溶出液中的 Ca^{2+}浓度整体呈下降趋势，且在 36h 后整体趋于稳定；从 Ca^{2+}溶出量变化情况图中可以看出，4 个工况下 Ca^{2+}的溶出量大小排序为：1% 掺量 > 未掺速凝剂 > 5% 掺量 > 3% 掺量。下面对 66h 内 4 个工况下以离子形式溶出钙的总量进行计算。

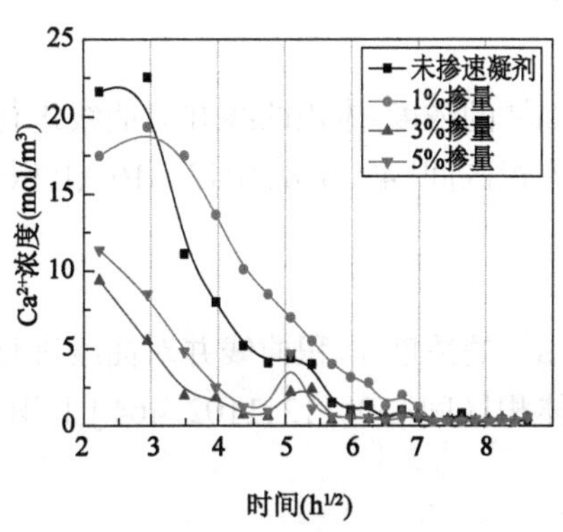

图 4-24　试验①各时段 Ca^{2+}的浓度变化

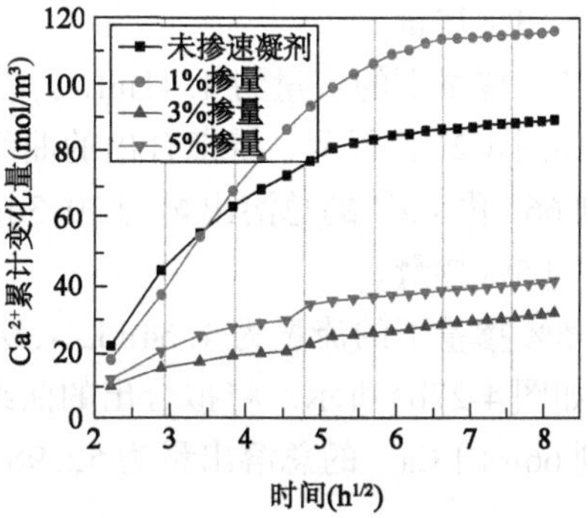

图 4-25　试验① Ca^{2+}的溶出量变化情况

通过试验①4 个工况下各时段的 Ca^{2+}的浓度随时间的变化情况以及 4 个工况下溶出液的流量，可以计算出在整个试验期间，以离子形式溶出钙的总量，具体计算方法如下：首先计算出各个时间段溶出液的体积，绘制出浓度-体积图；然后通过 MATLAB 软件对浓度-体积图进行拟合，得到浓度-体积曲线；最后将浓度变化曲线在指定的体积区间内进行积分，即可得到在 66h 内 4 个工况下以离子形式溶出钙的总量。

①未掺速凝剂。

未掺速凝剂的流量为 4.59mL/s，绘制 Ca^{2+}的浓度-体积曲线并对曲线进行拟合，如图 4-26a）所示。将拟合出的曲线在体积区间[49.572，1090.584]上积分，得到 66h 内 Ca^{2+}的总溶出量为 129.31g。

②1% 掺量。

1% 掺量下的流量为 4.48mL/s，绘制 Ca^{2+}的浓度-体积曲线并对曲线进行拟合，如图 4-26b）所示。将拟合出的曲线在体积区间[48.384，1064.448]上积分，得到 66h 内 Ca^{2+}的总溶出量为 213.86g。

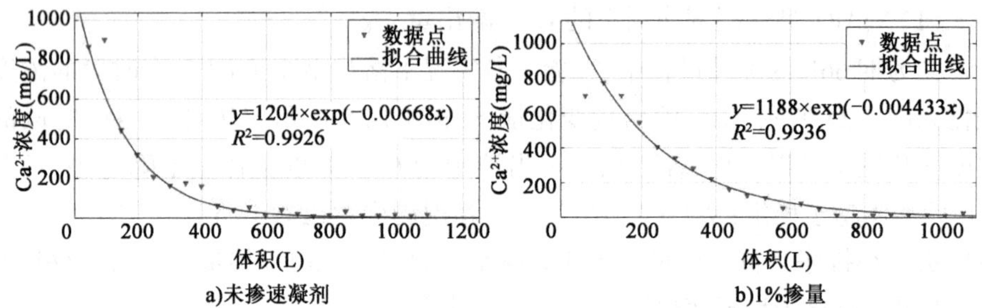

图 4-26　不同掺量 $NaAlO_2$ 型速凝剂条件下 Ca^{2+} 浓度变化拟合曲线

③3% 掺量。

3% 掺量下的流量为 4.41mL/s，绘制 Ca^{2+} 的浓度-体积曲线并对曲线进行拟合，如图 4-27a) 所示。将拟合出的曲线在体积区间[47.628,1047.816]上积分，得到 66h 内 Ca^{2+} 的总溶出量为 30.36g。

④5% 掺量。

5% 掺量下的流量为 4.64mL/s，绘制 Ca^{2+} 的浓度-体积曲线并对曲线进行拟合，如图 4-27b) 所示。将拟合出的曲线在体积区间[50.112,1102.464]上积分，得到 66h 内 Ca^{2+} 的总溶出量为 52.986g。

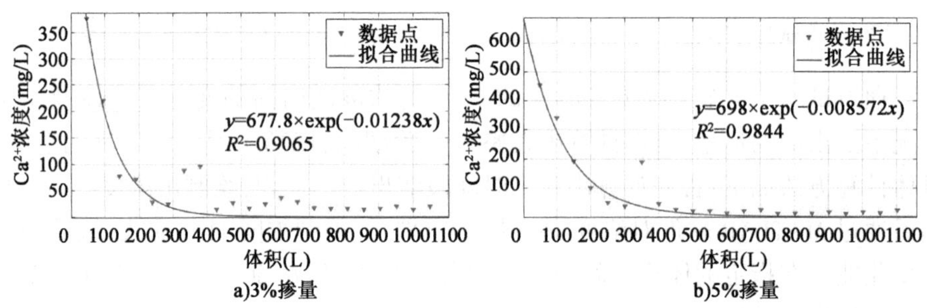

图 4-27　3% 和 5%　$NaAlO_2$ 型速凝剂掺量下 Ca^{2+} 浓度变化拟合曲线

综上所述，4 种工况下 Ca^{2+} 的总溶出量和排水管上的 $CaCO_3$ 结晶体质量结果见表 4-12。

4 种工况下 Ca^{2+} 的总溶出量和排水管上的 $CaCO_3$ 结晶体质量　　表 4-12

速凝剂掺量(%)	未掺速凝剂	1	3	5
Ca^{2+} 总溶出量(g)	129.31	213.86	30.36	52.986
$CaCO_3$ 结晶体质量(g)	85.02	160.23	50.83	43.68
总计(g)	214.33	374.09	81.19	96.666

从图 4-28 可以看出,无论是 $CaCO_3$ 质量还是 Ca^{2+} 总溶出量,1% 掺量下的钙溶出量都是最高值,3% 和 5% 掺量下的钙溶出量相近,但都低于未掺速凝剂下的钙溶出量。这表明,对于铝酸钠型速凝剂,喷射混凝土中的钙溶出量因速凝剂掺量的不同而表现出不同的特征,如以未掺速凝剂的喷射混凝土钙溶出量为标准,在相对较低的掺量(1%)下,喷射混凝土的钙溶蚀进程被加快,表现为 1% 掺量下钙总溶出量大于未掺速凝剂的喷射混凝土的钙总溶出量;在相对较高的掺量(3%、5%)下,喷射混凝土的钙溶蚀进程被延缓,表现为 3%、5% 掺量下钙的总溶出量小于未掺速凝剂的喷射混凝土的钙的总溶出量。以上分析表明,对于同一种速凝剂,其掺量的不同对喷射混凝土钙溶蚀的作用效果也不相同。从试验结果可得到:相对较低的速凝剂掺量将会加快喷射混凝土的钙溶蚀进程,相对较高的速凝剂掺量将会延缓喷射混凝土的钙溶蚀进程。

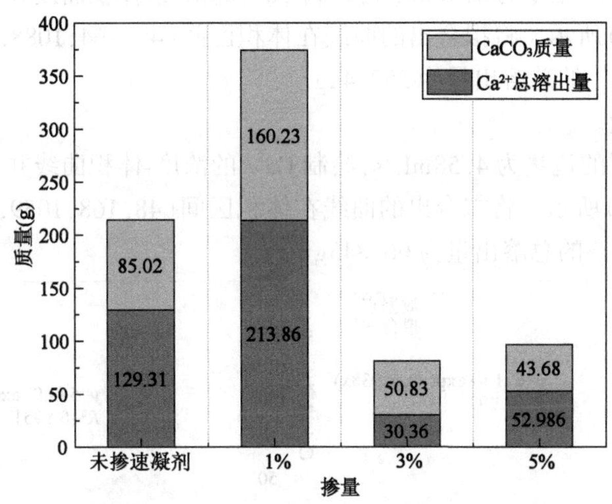

图 4-28　$NaAlO_2$ 型速凝剂各工况下钙的总溶出量

(2) $Al_2(SO_4)_3$ 型速凝剂作用下的 Ca^{2+} 溶出量

在为期 66h 的侵蚀过程中,试验②各工况下溶出液中 Ca^{2+} 各个时段的浓度变化如图 4-29 所示,Ca^{2+} 累计变化量如图 4-30 所示。从 Ca^{2+} 各个时段的浓度变化图中可以看出,各工况下溶出液中的 Ca^{2+} 浓度整体呈下降趋势,且在 49h 后整体趋于稳定;从 Ca^{2+} 累计变化量图中可以看出,一段时间后,3 个工况下 Ca^{2+} 的溶出量大小排序为:3% 掺量 > 未掺速凝剂 > 5% 掺量。下面将对 66h 内 3 个工况下 Ca^{2+} 以离子形式溶出的 Ca^{2+} 总量进行计算。其中,未掺速凝剂下 Ca^{2+} 的总溶出量在上节中已经计算出。

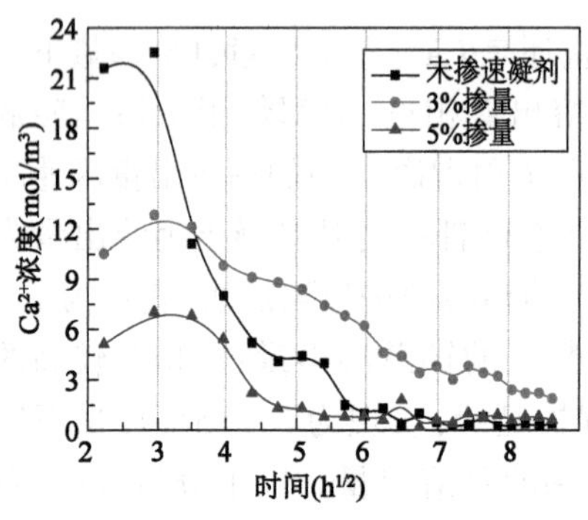

图 4-29　试验②各时段 Ca^{2+} 的浓度变化

图 4-30　试验②Ca^{2+} 的溶出量变化情况

①3% 掺量。

3% 掺量下的流量为 4.46mL/s，绘制 Ca^{2+} 的浓度-体积曲线并对曲线进行拟合，如图 4-31a）所示。将拟合出的曲线在体积区间[49.464，1088.208]上积分，得到 66h 内 Ca^{2+} 的总溶出量为 252.42g。

②5% 掺量。

5% 掺量下的流量为 4.58mL/s，绘制 Ca^{2+} 的浓度-体积曲线并对曲线进行拟合，如图 4-31b）所示。将拟合出的曲线在体积区间[48.168，1059.696]上积分，得到 66h 内 Ca^{2+} 的总溶出量为 66.845g。

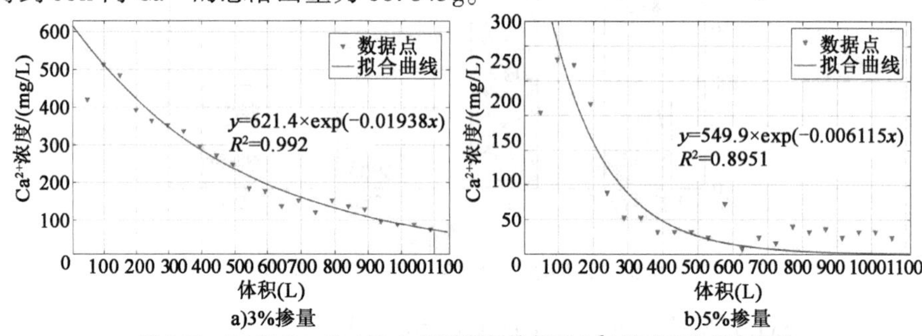

图 4-31　3% 和 5%　$Al_2(SO_4)_3$ 型速凝剂掺量下 Ca^{2+} 浓度变化拟合曲线

在溶蚀试验结束后，待排水管上沉淀的白色结晶体 $CaCO_3$ 干燥后，对 3 种工况下排水管上的 $CaCO_3$ 结晶体进行称重，结果见表 4-13。

3 种工况下 Ca^{2+} 的总溶出量和排水管上的 $CaCO_3$ 结晶体质量　　表 4-13

速凝剂掺量（%）	未掺速凝剂	3	5
Ca^{2+} 总溶出量（g）	129.31	252.42	66.845
$CaCO_3$ 结晶体质量（g）	85.02	103.25	40.26
总计（g）	214.33	355.67	107.105

从图 4-32 可以看出,3% 掺量下喷射混凝土内部 Ca^{2+} 总溶出量高于未掺速凝剂和 5% 掺量下 Ca^{2+} 总溶出量,$Al_2(SO_4)_3$型速凝剂与 $NaAlO_2$型速凝剂表现出同样的特性,即相对较低掺量下对喷射混凝土钙溶蚀表现出加速效果,而相对较高掺量下则表现出延缓喷射混凝土钙溶蚀的效果,同样论证了同类速凝剂在不同掺量下对喷射混凝土钙溶蚀表现出两重性效应。

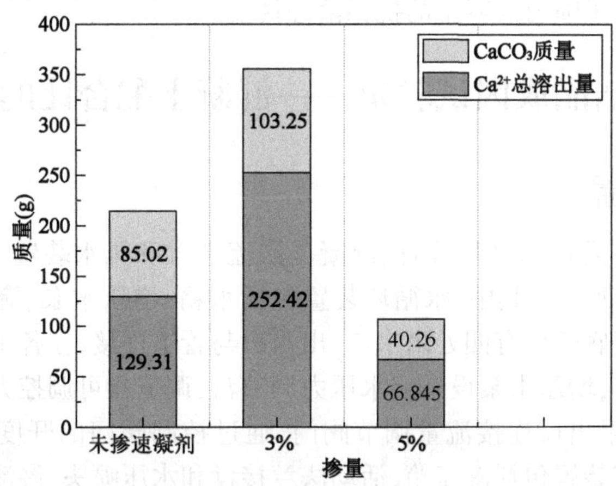

图 4-32 $Al_2(SO_4)_3$型速凝剂各工况下 Ca^{2+} 的总溶出量

需要说明的是,本章节中关于喷射混凝土中 Ca^{2+} 溶出量的计算,是在同一时段内 6 种工况流量相近的情况下计算得到的;而 $CaCO_3$称重得到的质量是仅称量了相同长度排水管上的沉淀质量,由此计算得到的喷射混凝土内部钙的总溶出量并不代表喷射混凝土内部所有的钙溶出量,因为在喷射混凝土试件表面还有钙的沉积物,但目前的试验手段无法对其准确取样称重。本试验中计算得到的 6 种工况下喷射混凝土钙的总溶出量仅用作对比分析,旨在证明不同速凝剂掺量对喷射混凝土钙溶蚀的作用效果不同,并不能准确表征喷射混凝土内部钙的实际溶出量。

五、结论

①对于铝酸钠型速凝剂而言,溶蚀前锋的发展进程为:1% 掺量 > 未掺速凝剂 > 5% 掺量 > 3% 掺量。换言之,即在相对较低掺量(1%)下,其对喷射混凝土钙溶蚀发展表现出加速倾向;在相对较高掺量(3%、5%)下,其对喷射混凝土钙溶蚀发展表现出延缓倾向。

②对于硫酸铝型速凝剂而言,溶蚀前锋的发展进程为:3% 掺量 > 未掺速凝剂 > 5% 掺量。这表明在相对较低掺量(3%)下,其对喷射混凝土钙溶蚀发展表

现出加速倾向；在相对较高掺量（5%）下，其对喷射混凝土钙溶蚀发展表现出延缓倾向。这一结果与铝酸钠型速凝剂的试验结果相似。

③以上两种速凝剂对喷射混凝土钙溶蚀的作用结果相似，这表明在同种速凝剂的不同掺量条件下，速凝剂对喷射混凝土的钙溶蚀发展演变表现出两重性效应，即相对较低掺量的速凝剂降低了喷射混凝土的抗钙溶蚀性能，相对较高掺量的速凝剂提高了喷射混凝土的抗钙溶蚀性能。

第四节　结晶成因试验Ⅲ——混凝土配合比的影响分析

一、试验装置

试验模型主要由水循环装置、混凝土渗流装置和排水装置三部分组成，如图4-33、图4-34所示。其中，水循环装置包括水箱、增压水泵、流量调节阀门和连通管道。水箱底部设有四处出水口，出水口与管道连接，在各个管道上都连接独立的增压水泵，增压水泵设有上水压力调节盘，调节盘可调控大、中、小三级水压上水模式，水泵出口连接流量调节阀门，通过控制阀门的开度来调节渗水流量。混凝土渗流装置包括渗流箱、活动法兰接盘和水压喷头，渗流箱是用钢板焊接成的开口箱体，尺寸为40cm×60cm×40cm，活动法兰接盘连接上水管和渗流箱，松开活动法兰接盘时，可取下渗流箱进行混凝土浇筑，水流管道在渗流箱内部呈"Z"形布置，管道出水口接有水压喷头，水压喷头可将水呈细股状喷射出以模拟隧道地下渗流水。排水装置包括排水管、伸缩支架和集水箱，排水管采用直径为110mm的双壁波纹管，伸缩支架由70mm×70mm和50mm×50mm的方管相套组成，通过方管上的螺栓可调节支架高度，进而调整排水管坡度。试验通过流出水在管道中的流动来模拟隧道排水管中结晶沉积过程，最后渗流结晶物在集水箱中沉积下来，从而真实模拟隧道混凝土的渗流—排水—结晶过程。

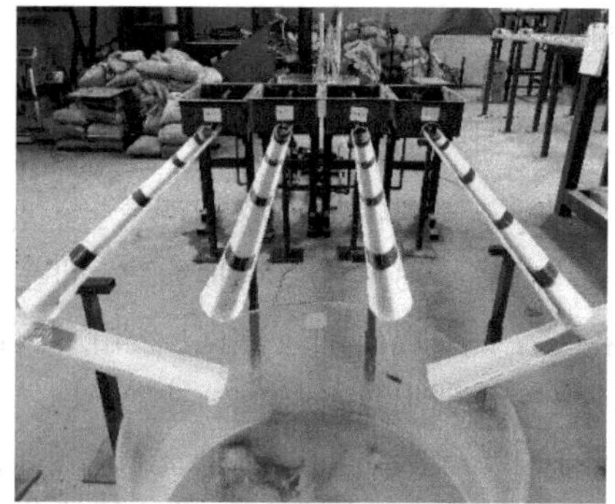

图4-33　试验模型实物图

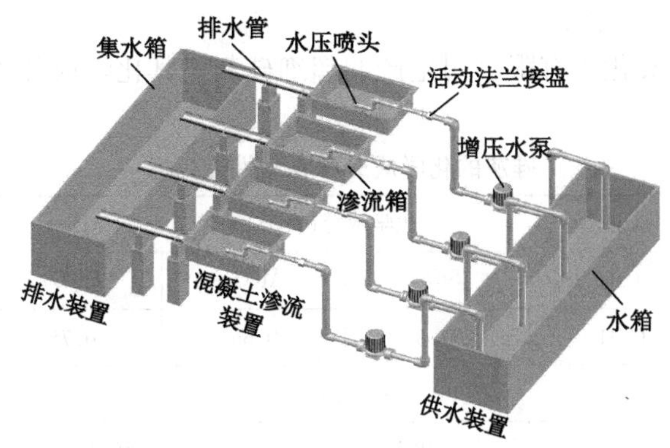

图 4-34　试验模型三维设计图

二、试验材料

(1)水泥

试验用水泥为陕西海螺牌 P·O 42.5 级普通硅酸盐水泥,品质符合《通用硅酸盐水泥》(GB 175—2007)标准,主要性能指标见表 4-14。

P·O 42.5 级普通硅酸盐水泥的指标要求　　表 4-14

项目	比表面积(m^2/kg)	烧失量(%)	碱含量(%)	凝结时间(min)		抗压强度(MPa)	
				初凝	终凝	3d	28d
指标要求	≥300	≤5.0	≤0.6	≥45	≤600	≥17.0	≥42.5

(2)砂

采用汉中河砂,主要性能指标见表 4-15。

建设用砂的指标要求　　表 4-15

项目	含泥量(%)	氯化物含量(%)	轻物质含量(%)	硫化物和硫酸盐含量(%)
指标要求	≤5.0	≤0.06	≤1.0	≤1.0

(3)碎石

采用渭南山石,主要的性能指标参数见表 4-16。

建设用碎石的指标要求　　表 4-16

项目	含泥量(%)	硫化物和硫酸盐含量(%)	针片状颗粒总含量(%)	压碎指标(%)
指标要求	≤2.0	≤1.0	≤25	≤16

(4)硅灰

采用西安××化工有限公司生产的超细硅灰。其化学成分和物理性能指标见表4-17。

硅灰的化学成分和物理性能指标 表4-17

<table>
<tr><td colspan="6">化学成分(%)</td></tr>
<tr><td>名称</td><td>CaO</td><td>SiO_2</td><td>Al_2O_3</td><td>Fe_2O_3</td><td>K_2O</td></tr>
<tr><td>硅灰</td><td>0.31</td><td>92.3</td><td>0.66</td><td>0.75</td><td>1.22</td></tr>
<tr><td colspan="6">物理指标</td></tr>
<tr><td colspan="2">密度(kg/m³)</td><td colspan="2">比表面积(m²/g)</td><td>活性指数(%)</td><td>需水量(%)</td></tr>
<tr><td colspan="2">2230</td><td colspan="2">15</td><td>117</td><td>116</td></tr>
</table>

(5)粉煤灰

采用西安××化工有限公司生产的Ⅰ级粉煤灰。其化学成分和物理性能指标见表4-18。

粉煤灰的化学成分和物理性能指标 表4-18

<table>
<tr><td colspan="6">化学成分(%)</td></tr>
<tr><td>名称</td><td>CaO</td><td>SiO_2</td><td>Al_2O_3</td><td>Fe_2O_3</td><td>Na_2O</td></tr>
<tr><td>粉煤灰</td><td>3.16</td><td>51.3</td><td>31.95</td><td>4.14</td><td>0.33</td></tr>
<tr><td colspan="6">物理性能</td></tr>
<tr><td colspan="2">密度(kg/m³)</td><td colspan="2">比表面积(m²/g)</td><td colspan="2">活性指数(%)</td></tr>
<tr><td colspan="2" rowspan="2">2250</td><td colspan="2" rowspan="2">559</td><td>7d</td><td>28d</td></tr>
<tr><td>67</td><td>78</td></tr>
</table>

(6)速凝剂

采用江苏××××科技有限公司生产的CNF-ZW型粉状速凝剂,厂家推荐掺量6%,施工时实际掺量8%～12%,隧道局部渗水量大的地方掺量甚至为15%以上,其主要技术指标见表4-19。

速凝剂的主要技术指标 表4-19

<table>
<tr><td rowspan="2">指标型号</td><td colspan="2">凝结时间(min)</td><td rowspan="2">1d抗压强度(MPa)</td><td rowspan="2">28d抗压强度比(%)</td></tr>
<tr><td>初凝</td><td>终凝</td></tr>
<tr><td>CNF-ZW</td><td>≤5</td><td>≤12</td><td>≥6</td><td>≥70</td></tr>
</table>

(7)高效减水剂

采用西安××化工有限公司生产的聚羧酸系高效减水剂,减水率27%,体积掺量0.8%~2%。

(8)试验用渗流用水

掺流水为自来水,基本指标见表4-20。

渗流水基本指标 表4-20

种 类	pH值	不溶物含量(g/mL)	可溶物含量(g/mL)	碱含量(g/mL)
自来水	6.7	372	158	381

三、试验步骤

为排除试验过程中其他因素的影响,试验时控制室内温度为20℃±5℃,渗水流量为7cm^3/s,排水管坡度为3%,试验前测定渗流用水中Ca^{2+}浓度为40mg/L。具体试验步骤如下:

①按照试验设计调整排水管的坡度,取下渗流箱并安设渗流管,将4组渗流管水压喷头处的流量调节至相等。

②进行试验编号,一次编排4组试验,按照试验配合比进行备料,依次加入碎石、砂、水泥、粉煤灰、硅灰,搅拌均匀后加入水、高效减水剂和速凝剂,充分拌匀后,将拌合物装填进准备好的渗流箱中,装填时确保混凝土均匀铺满箱体,装填高度在10cm左右。

③试验模型浇筑完成后,静置12h以确保混凝土基本终凝,接通水泵,渗流模型开始工作,排水管中出水后,测定各组排水管道中的水流速度,同时调节水阀开度控制各组试验排水管中水流速度相同,水流稳定后复测各组试验排水管道中的流速,计时并开始试验。

④每隔3h分别对各组排水管渗流水取样,测量其pH值,同时利用化学EDTA滴定法对所取试样进行Ca^{2+}浓度滴定测试,得到渗流水中Ca^{2+}浓度随时间的变化关系,每组试验测定时取3次样本的平均值以减小试验测量误差;结晶沉淀析出后,对排水管中的沉淀物质进行取样,利用XRD方法测定不同试样中各物相(Si^{4+}、Ca^{2+}、Mg^{2+}、Al^{3+}、Na^{+}、CO_3^{2-}、SO_4^{2-}、OH^{-})的衍射峰。

试验流程图如图4-35所示。

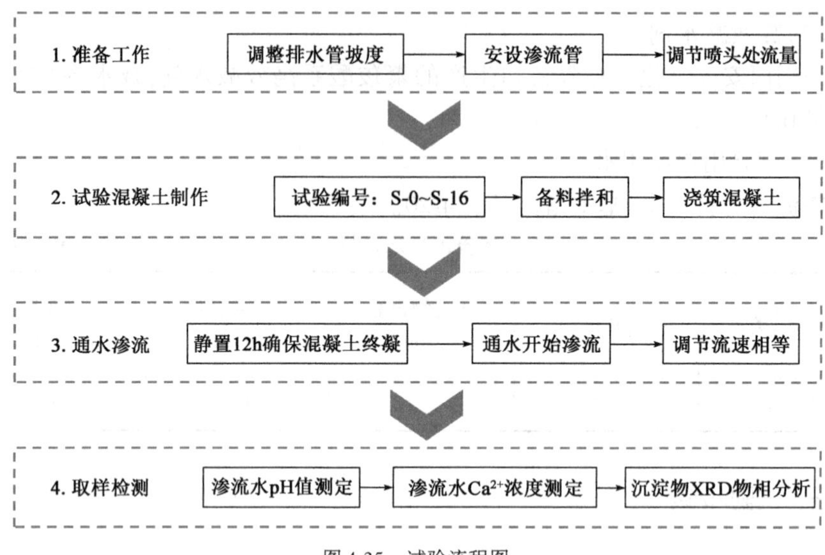

图 4-35　试验流程图

四、正交试验方案

试验选取影响喷射混凝土渗透性和水泥水化进程的五个主要因素作为试验考察因素，分别为混凝土基本配合比（固定水泥用量为 456kg/m^3，胶集比为 0.28，水胶比分别为 0.38 和 0.43，砂率分别为 0.50 和 0.53，记为因素 A）、粉煤灰掺量（记为因素 B）、硅灰掺量（记为因素 C）、速凝剂掺量（记为因素 D）、减水剂掺量（记为因素 E）。每个因素设置 4 个试验水平，因素-水平表见表 4-21。正交试验方案采用 $L_{16}(4^5)$ 正交试验表，其中粉煤灰、速凝剂采用内掺法，硅灰采用外掺法，正交试验表见表 4-22。试验参照组采用隧道喷射混凝土的实际施工配合比，水泥、砂、碎石、水质量比为 456：873：775：196（速凝剂掺量为 10%），记作 S-0 组。

因素-水平表　　　　表 4-21

水平	因素				
	A	B (kg/m^3)	C (kg/m^3)	D (kg/m^3)	E (kg/m^3)
1	水胶比 0.38，砂率 0.50	22.8	22.8	18.24	3.648
		(5%)	(5%)	(5%)	(0.8%)
2	水胶比 0.38，砂率 0.53	45.6	45.6	36.48	5.472
		(10%)	(10%)	(10%)	(1.2%)

续上表

水平	因素				
	A	B (kg/m³)	C (kg/m³)	D (kg/m³)	E (kg/m³)
3	水胶比0.43,砂率0.50	68.4 (15%)	68.4 (15%)	54.72 (15%)	7.296 (1.6%)
4	水胶比0.43,砂率0.53	91.2 (20%)	91.2 (20%)	72.96 (20%)	9.12 (2.0%)

注:括号中数字表示各个因素在不同水平下的体积掺量。

正交试验表　　表4-22

编号	因素				
	A	B	C	D	E
S-1	1	1	1	1	1
S-2	1	2	2	2	2
S-3	1	3	3	3	3
S-4	1	4	4	4	4
S-5	2	1	2	3	4
S-6	2	2	1	4	3
S-7	2	3	4	1	2
S-8	2	4	3	2	1
S-9	3	1	3	4	2
S-10	3	2	4	3	1
S-11	3	3	1	2	4
S-12	3	4	2	1	3
S-13	4	1	4	2	3
S-14	4	2	3	1	4
S-15	4	3	2	4	1
S-16	4	4	1	3	2

五、试验现象

试验开始3h后,各组模型试验的排水管管壁上开始出现沉淀,其沉淀生成的特征大致相同，白色片状颗粒漂浮于水流表面，先在弯角和下凹处聚集成团而后沉积形成沉淀，沉淀完全脱水后固结成块，具有一定的强度，质软且易按压成白色微末。

试验开始 30h 后，测定渗流水的 pH 值和 Ca^{2+} 浓度均趋于稳定，各组排水管中结晶沉淀量也均趋于稳定。因篇幅所限，此处仅展示部分试验现象。图 4-36 ~ 图 4-38 分别是试验开始 30h 后参照组 S-0、试验组 S-3 和试验组 S-10 的试验现象，其中 S-0 组混凝土表面析出白色结晶体，排水管中沉淀量较多；S-3 组混凝土表面出现少量白色结晶体，排水管中无明显沉淀，是试验组中结晶沉淀量最少组别；S-10 组混凝土表面出现大量白色结晶体，排水管中出现大量沉淀，是试验组中结晶沉淀量最多组别。试验组中，S-1 组、S-2 组、S-4 组、S-5 组、S-6 组、S-7 组、S-10 组出现结晶沉淀量相较参照组 S-0 更为明显，而 S-3 组、S-13 组、S-15 组、S-16 组排水管中无明显结晶沉淀现象。

图 4-36　S-0 组混凝土块和排水管中结晶现象

图 4-37　S-3 组混凝土块和排水管中结晶现象

图 4-38　S-10 组混凝土块和排水管中结晶现象

对排水管中的白色结晶体进行 XRD 分析，检测结果表明：参照组和试验组所产生的白色结晶体 99% 以上为 $CaCO_3$。相较隧道现场调研的结晶体 XRD 检测结果（其结晶体 95% 以上为 $CaCO_3$），进一步验证了隧道排水管中的结晶沉淀物主要是 $CaCO_3$。然而隧道结晶体中还可能存在极少量 $MgCO_3$、$CaSO_4$ 等结晶沉淀物，隧道排水管结晶堵塞主要受到隧道混凝土的渗流结晶影响，其 $CaCO_3$ 的生成主要涉及如下化学反应：

$$CO_2 + Ca(OH)_2 \rightleftharpoons CaCO_3 \downarrow + H_2O$$

其中 CO_2 主要来源于大气环境中 CO_2，$Ca(OH)_2$ 主要来源于水泥中铝酸三钙和硅酸钙的早期水化。

六、试验结果分析

（1）渗流水中钙离子浓度随时间的变化规律

图 4-39 所示是各试验组在不同因素-水平组合下渗流水中钙离子浓度随时间的变化曲线。

从图 4-39 可知，随着渗流时间的增加，混凝土渗流水中的钙离子浓度呈现先增大后降低并逐步稳定的趋势，最终稳定时钙离子浓度接近试验用水中钙离子浓度（40mg/L）。在试验渗流 6h 后，钙离子浓度达到峰值，分析原因：喷射混凝土在经过 12h 的凝结硬化后，渗流水在混凝土内部孔隙通道的渗流中会将水泥水化产物 $Ca(OH)_2$ 带入排水管道中，随着渗流过程的持续进行，混凝土内部的孔隙率增大，过水通道增多，表现为排水管内渗流水中钙离子浓度逐渐增加；当水泥水化产物溶解量逐渐减少并伴随水泥水化速率的减慢，曲线出现下降并趋于平缓。试验混凝土凝结硬化 12h，通水渗流 30h 后，排水管中钙离子流出量与试验用水中钙含量渐趋于一致,表明混凝土渗流结晶逐渐趋于停止。

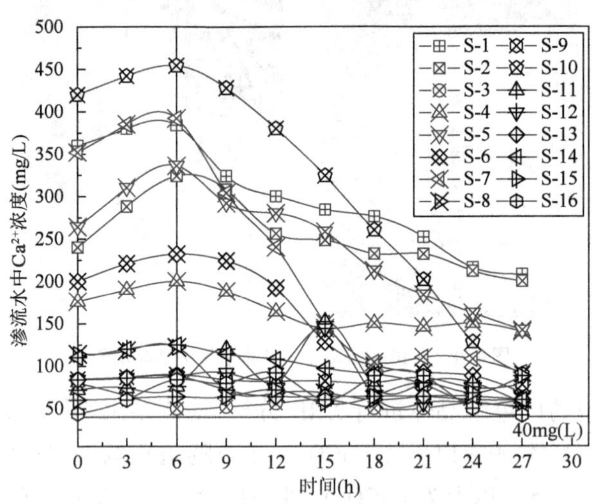

图 4-39　渗流水中钙离子浓度随时间的变化曲线

(2)钙离子渗流累计量计算与极差分析

对每组试验水平下的渗流水中钙离子浓度-时间曲线求积分,得到整个试验过程中混凝土的钙离子渗流累计量,计算结果见表 4-23。

钙离子渗流累计量计算结果　　表 4-23

编　　号	因　　素					钙离子渗流累计量(g)
	A	B	C	D	E	
S-1	1	1	1	1	1	219.84
S-2	1	2	2	2	2	195.65
S-3	1	3	3	3	3	41.88
S-4	1	4	4	4	4	123.08
S-5	2	1	2	3	4	178.79
S-6	2	2	1	4	3	111.13
S-7	2	3	4	1	2	159.74
S-8	2	4	3	2	1	59.19
S-9	3	1	3	4	2	62.22
S-10	3	2	4	3	1	223.25
S-11	3	3	1	2	4	65.17
S-12	3	4	2	1	3	60.33

续上表

编　号	因　素					钙离子渗流累计量(g)
	A	B	C	D	E	
S-13	4	1	4	2	3	52.47
S-14	4	2	3	1	4	70.19
S-15	4	3	2	4	1	51.26
S-16	4	4	1	3	2	52.16

通过计算得到参照组 S-0 的钙离子渗流累计量为 130.78g,由表 4-23 可以看出,S-10 组的钙离子渗流累计量最大,在通水渗流 30h 内达到 223.25g,与参照组相比增加 92.47g;S-3 组的钙离子渗流累计量最小,仅为 41.88g,与参照组相比减少 88.9g,排水管中结晶沉淀量的降低率约为 68%。计算结果与各组试验排水管中结晶现象基本相符,足以说明混凝土基本配合比、粉煤灰掺量、硅灰掺量、速凝剂掺量、高效减水剂掺量对结晶沉淀的生成量有显著影响。

为了进一步得到影响隧道渗流结晶的主要因素,并对混凝土配合比进行优化设计,采用极差法对试验组中钙离子渗流累计量进行分析与计算,分析结果见表 4-24。

钙离子渗流累计量极差分析表　　表 4-24

编　号	混凝土配合比	粉煤灰掺量	硅灰掺量	速凝剂掺量	高效减水剂掺量
K_1	145.11	128.33	112.08	127.53	138.39
K_2	127.22	90.06	81.51	93.12	112.44
K_3	102.74	79.51	58.37	114.02	86.45
K_4	56.52	73.69	69.63	136.92	109.31
R	88.59	54.64	53.71	43.8	51.94
排序	1	2	3	5	4

注:钙离子渗流累计量为平均值;R 为同一因素不同水平下平均钙离子渗流累计量的极差,$R = K_{max} - K_{min}$,K_{max} 和 K_{min} 分别为钙离子渗流累计量的最大值和最小值。

由极差分析的排序结果可以看出,钙离子渗流累计量影响因素的主次顺序为混凝土配合比、粉煤灰掺量、硅灰掺量、减水剂掺量和速凝剂掺量。对于排水管结晶堵塞来说,钙离子渗流累计量越小越好,因此每个因素中使 K 值最小的水平即为试验最优水平,由此得到混凝土的优化设计配合比:混凝土基本配合比中水泥 456kg/m^3,水胶比 0.43,胶集比 0.28,砂率 0.53;粉煤灰掺量 20%;硅灰掺量 15%;速凝剂掺量 10%;高效减水剂掺量 1.6%。

七、影响因素分析

均值-效应图可以直观描绘出试验单因素对钙离子渗流累计量的效应特征，其中效应是指各因素不同水平之间的因变量均值差异。各因素均值-效应图如图4-40所示。

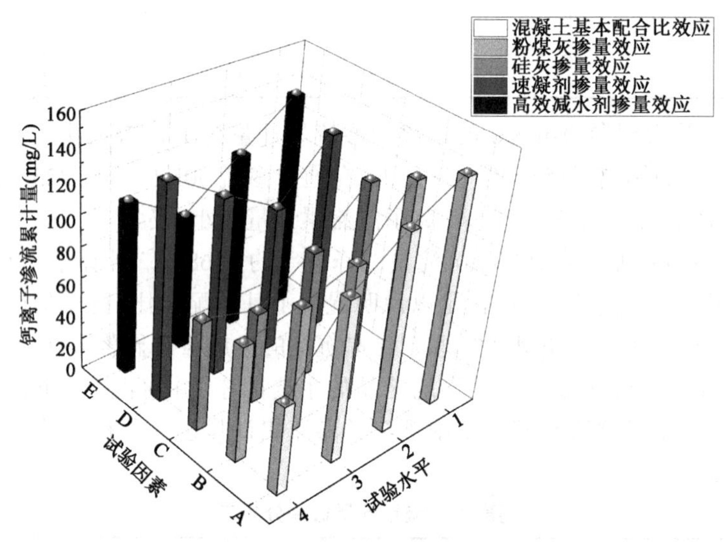

图4-40 各因素均值-效应图

从图4-40可以看出，随着因素水平的增加，钙离子渗流累计量均值呈明显下降趋势。当混凝土基本配合比中砂率由0.50增至0.53时，钙离子渗流累计量均值的下降幅度约为12%；当混凝土基本配合比中水胶比由0.38增加至0.43时，钙离子渗流累计量均值的下降幅度约为29%；但当砂率由0.50增至0.53，且水胶比由0.38增至0.43时，钙离子渗流累计量均值下降更为明显，幅度达61%。这表明水胶比和砂率的改变对混凝土渗流累计量影响显著。

从粉煤灰掺量效应可以看出，随着粉煤灰掺量增加，钙离子渗流累计量均值逐渐降低，这是因为掺入粉煤灰可以填充混凝土内部空隙，分散水泥颗粒，使水泥水化更为充分，提高混凝土的密实度，减少钙离子的渗流通道。

从硅灰掺量效应可以看出，随着硅灰掺量增加，钙离子渗流累计量均值逐渐降低，但当硅灰掺量超过15%时，钙离子渗流累计量均值又有所增加。这是因为掺加硅灰可以填充水泥颗粒间的孔隙使其更密实，提高黏聚力和抗冲蚀性能，从而有助于混凝土的抗渗流结晶。但当硅灰掺量较大时，混凝土中水泥的水化程度就会受到影响，在渗流水的作用下水泥水化产物$Ca(OH)_2$容易被直接溶蚀带出。

从速凝剂掺量效应可以看出，随着速凝剂掺量增加，钙离子渗流累计量均值逐渐降低，当速凝剂掺量超过 10% 时，钙离子渗流累计量均值又有所增加。这是因为速凝剂可以加速水泥的凝结硬化，提高混凝土的早期强度，但大掺量的速凝剂会造成混凝土内部的裂隙发育，同时带来碱集料反应等危害。

从高效减水剂掺量效应可以看出，随着高效减水剂掺量增加，钙离子渗流累计量均值逐渐降低，当高效减水剂掺量超过 1.6% 时，钙离子渗流累计量均值又有所增加，可见高效减水剂掺量并非越大越好。

八、结论

①造成隧道排水管堵塞的结晶体主要是 $CaCO_3$，其主要来源是隧道喷射混凝土中的水化产物。渗流结晶可分为两个阶段，第 1 阶段表现为钙离子流出量逐渐增加；第 2 阶段由于水化产物逐渐溶出且水化进程减缓，主要表现为钙离子流出量逐渐下降并趋于稳定。

②适量的粉煤灰、硅灰、速凝剂和减水剂可以明显减少混凝土渗流结晶，但过大掺量的速凝剂和减水剂反而会加剧混凝土的渗流结晶。

③混凝土配合比优化设计室内试验结果表明：混凝土基本配合比对隧道渗流结晶量的影响占主导作用，最佳配合比设计为水泥 456kg/m^3，水胶比 0.43，胶集比 0.28，砂率 0.53；粉煤灰掺量 20%；硅灰掺量 15%；速凝剂掺量 10%；高效减水剂掺量 1.6%。

第五章　隧道结晶堵塞处治及预防建议

第一节　概　　述

排水管结晶堵塞病害已经成为隧道在建和运营过程中亟待解决的问题,但由于该问题影响因素众多,对该问题的研究起步较晚,尚缺乏卓有成效的结晶疏堵处治技术。目前,治理隧道排水管结晶堵塞问题一般采用高压水冲洗+化学溶解方法。该处治方法不仅耗费大量人力、物力,药剂的使用还可能对生态环境造成破坏,且处治效果并不理想。因此,对于大量出现排水管结晶堵塞问题的隧道,首要任务是找到结晶处治的有效方案,但要想完全解决此问题或者极大地减轻隧道排水管结晶堵塞,笔者认为应该秉承“预防为主,处治为辅,防治结合”的理念。在隧道建设之前,就应该充分考虑排水管结晶堵塞的影响,并根据隧道不同的建设条件有针对性地提出预防措施和处治方案。

本章主要从处治和预防两个角度考虑隧道排水管结晶堵塞问题,首先介绍了隧道排水系统病害的一些检测技术,为及时发现隧道排水系统常见缺陷并采取相应预防和处治措施奠定基础;其次总结了一些排水管结晶堵塞的处治技术;最后主要从防排水设计方面和施工控制方面提出了一些预防措施与建议。

第二节　隧道排水系统检测技术[90]

虽然在已运营隧道病害检测工作中对排水系统提出了一定的要求,但是由于检测手段有限、排水系统构造形式不完善等,隧道排水系统的检测往往受到较多限制,通常只以目视等简单方法对隧道内特定部位进行初步的检测判断,结果十分受限[91]。

随着对隧道排水系统病害问题的研究逐步深入,对隧道排水系统检测和维护的需求日渐突显。已有相关研究人员借鉴市政工程中对排水管道的检测和评估技术,采用电视检测的方法对隧道排水系统进行检测,并建立了相应的评估机制,拟为隧道排水系统的维护工作提供一定参考。

一、检测设备的选择

市政工程中的排水管道检测设备及相关技术已较为成熟，常用的方法及设备见表5-1。

市政排水管道检测方法及设备[90]　　表5-1

检测方法	检测设备	优　点	缺　点
电视检测	管道检测机器人	准确直观、操作方便	不适合水下作业
	管道内窥镜		
声呐检测	声呐	可检查水面以下管道	对功能性缺陷识别有限
潜望镜检测	管道潜望镜	设备便携、操作简便	检测范围有限，水下部分识别有限
人工检测	—	直观	工作量大，检测范围及效果有限

在结构形式、管道尺寸、管道材质、连接方式等方面，隧道排水系统与市政排水系统区别较大，因此表5-1所示的声呐检测、潜望镜检测、人工检测方法较难适用于隧道排水系统。但电视检测方法在隧道排水系统的检测中较为常见，因为其对排水系统缺陷信息的获取相对全面。

在隧道排水系统中，各种排水盲管的直径一般只有5cm或10cm，管径较小且存在一些转弯或分支，因此一般只能利用小型的管道内窥镜进行检测；中央排水沟/管的宽度（管径）一般在50～100cm范围内，采用管道检测机器人进行检测的适用性较好。在带水作业条件下，以上检测方法都会受到一定程度的限制，因此检测工作主要集中在枯水期。

对于隧道中央排水管的检测，由于其设在路面以下，无法直接进行定位及检测，因此需先结合设计图纸、地质雷达、钻探技术等对其进行精确定位，再采用管道内窥镜、管道检测机器人等可视检测设备对管道内部结晶堵塞情况进行检测，以确定后续需重点防治的区段[92]。中央排水沟检测过程如图5-1所示。

二、隧道排水系统常见缺陷类型

笔者团队应用管道内窥镜在国内部分公路隧道中开展了一些检测和调研工作，发现隧道排水系统主要存在结构性缺陷和功能性缺陷两类缺陷。其中，结构性缺陷是指管道结构本体遭受损伤，影响管道强度、刚度和使用寿命；功能性缺陷是指导致管道过水断面发生变化、影响畅通性能的缺陷[93]。

a)地质雷达定位

b)检测孔钻探

c)管道内窥镜检测

d)管道检测机器人

图 5-1　中央排水沟检测过程[92]

以市政排水管道检测相关规范[94]作为参考，并考虑隧道排水系统中出现可能性较大的缺陷类型，总结出隧道排水系统主要缺陷种类，见表 5-2。

隧道排水系统缺陷种类[90]　　表 5-2

缺陷类型	缺陷名称	缺陷代码
结构性缺陷	破裂	PL
	变形	BX
	腐蚀	FS
	错口	CK
	起伏	QF
	脱节	TJ
	异物穿入	YW
功能性缺陷	沉积	CJ
	结垢	JG
	障碍物	ZA

现阶段对隧道调研的样本数量有限,对隧道排水系统存在的结构性缺陷类型、实例还有待进一步积累。

隧道排水系统常见功能性缺陷如图 5-2 所示。

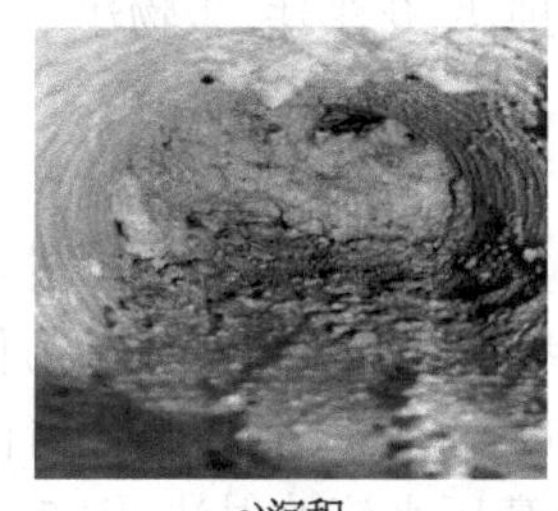
a)沉积

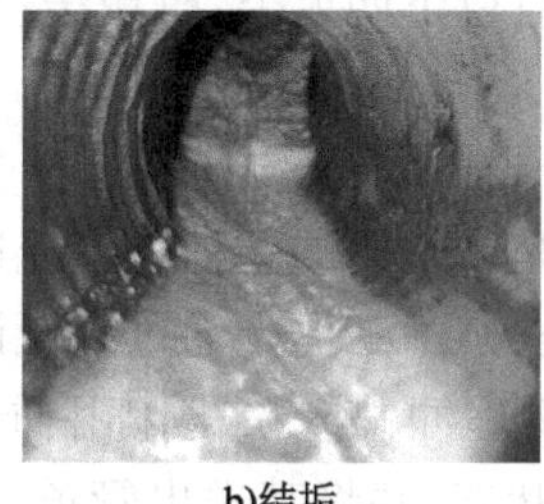
b)结垢

c)障碍物

图 5-2 隧道排水系统常见功能性缺陷

三、隧道排水系统缺陷评估方法[90]

基于排水系统缺陷的严重程度,结合损坏状况参数 F、运行状况参数 G 值的大小,分别将隧道排水系统的结构性缺陷和功能性缺陷分为轻微缺陷、中等缺陷、严重缺陷和重大缺陷 4 个等级,见表 5-3、表 5-4。在分值的确定上,仍借鉴市政排水管道中的相应标准和办法,按缺陷严重程度在 0 ~ 10 范围内进行取值。

隧道排水系统区段结构性缺陷等级 F 评定[90] 表 5-3

等 级	损坏状况参数	技术状况描述
Ⅰ	$F \leqslant 1$	区段无或有轻微缺陷,结构状况基本不受影响
Ⅱ	$1 < F \leqslant 3$	区段缺陷明显超过一级,具有变坏的趋势
Ⅲ	$3 < F \leqslant 6$	区段缺陷严重,结构状况受到影响
Ⅳ	$F > 6$	区段存在重大缺陷,损坏严重或即将导致破坏

隧道排水系统区段功能性缺陷等级 G 评定[90] 表 5-4

等 级	运行状况参数	技术状况描述
Ⅰ	$G \leqslant 1$	基本无淤积,排水功能正常
Ⅱ	$1 < G \leqslant 3$	轻微淤积,对排水功能影响较小
Ⅲ	$3 < G \leqslant 6$	淤积比较严重,对排水功能影响较大
Ⅳ	$G > 6$	堵塞很严重,排水功能基本丧失

第三节　隧道排水管结晶堵塞处治技术

管道堵塞处治技术主要有以下四大类：机械法、物理法、化学法、生物法。

一、机械法

机械法是最早使用的也是最常用的一种管道疏通方法。按照疏通机理进行分类，机械法主要可分为三类，其中一类是通过高压设备形成强大的水流冲力作用，对管壁上堵塞物质进行物理冲刷或粉化作用，同时产生一股搅拌力使清洗下来的结垢物处于悬浮分散状态，并将其送出管道，如高压水流冲射法，图5-3、图5-4分别为高压水流冲射设备和水流冲射喷嘴。高压水流冲射法通过将水流加压后送入冲射喷嘴，再由喷射产生的反作用力使喷嘴和胶管一起向前推进，冲刷松动排水管内壁的结晶黏附物，同时可清洗管壁[95]。

图5-3　高压水流冲射设备

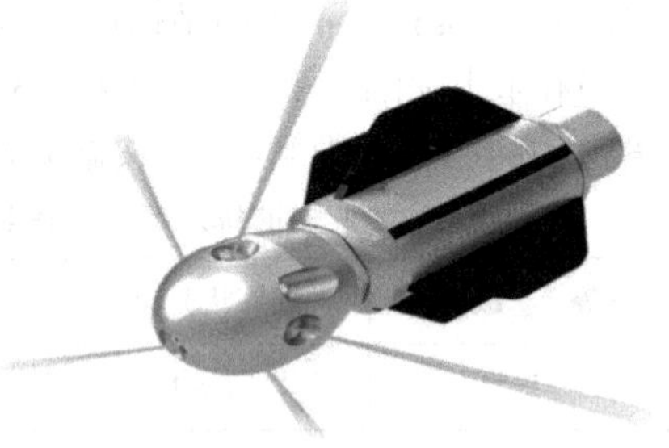

图5-4　水流冲射喷嘴

该方法的实施原理如下：

①由高压发生装置、高压水射流主机打出具有一定压强的高压水，通过与之配套的水管，即高压钢丝缠绕胶管使水到达喷嘴。

②水流从蠕动喷头的喷嘴射出，高压低流速的水转换为低压高流速的射流水。

③高流速的射流水正向或切向冲击被清洗的管壁，产生冲击力和剪切力，对淤积的结晶体产生冲击、动压力、磨削等作用，使管路中的结晶层被冲蚀、渗透、剪切、破碎，最终从管壁上剥离，由喷头后部的高压水射流将结晶体从排水管管口排出，向后喷射喷头所产生的反作用力将喷头和高压软管向前推进，蠕动喷头向前蠕动完成清洗。水射流对管壁（靶面）的冲击力是影响清洗效果的关键因

素。有效的清洗需保证水射流均匀、完整地覆盖整个管路，以完成对管路各个部位的清洗。

高压水流冲射法对排水管中的早期软质结晶体的清除效果良好，具有清除效率高、成本低、无环境污染、管道适应性好等优点，且可以根据不同硬度的结晶体更换不同类型的喷嘴[92]，但是对于结垢时间长、结晶体硬度大、堵塞区段长、堵塞密度大的堵塞排水管并不适用。

另一类是采用气水脉冲法对管道中的结晶垢层进行清洗。其工作原理如图 5-5 所示，通过空压机将空气转变为高压气体并以预设频率进入需清洗管道中，待其在管道中与水混合后，增大湍流强度，同时增大气水混合流体对管壁的压力，当此压力大于垢层所能承受的极限强度时，垢层便会脱落，随水气混合流体一并流出管道。气体在管道内呈气泡，在压力作用下，这些气泡最终会破裂，破裂瞬间产生速度很大的射流，促使管道内多处应力集中，对内壁结晶垢层产生气蚀作用和空化作用，加速垢层的脱落。

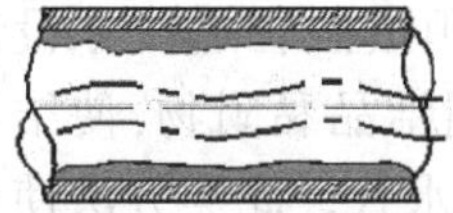

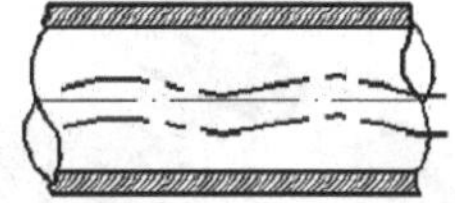

图 5-5　气水脉冲法工作原理[96]

气水脉冲法较适用于清洗通过高压水射流清洗后残留的较难清洗的结晶垢层，还可结合化学清洗的方式，利用气水脉冲将化学清洗剂送入环向盲管中，进而利用清洗剂与结晶垢层之间的化学反应，达到软化、溶解垢层的目的，最终使其随排水管道中的水流流出，实现对管道结晶垢层的清洗。该方法主要通过气水脉冲管道清洗机实现，如图 5-6 所示，具体步骤如下[96]：

①配制化学清洗液及清洗剂饱和溶液；

②连接进水管、出水管、气管等，并检查各连接处密封性，以防渗水、漏水；

③设定清洗机进气压力、通气时间、停气时间，调节管道清洗机出水流量、出水压力，测试各装置的工作性能；

④用管道封堵气囊包裹进水管和出水管，并将气囊充气以确保清洗液不会直接流入隧道侧沟；

⑤调整清洗机出水管口至环向盲管中难以清除的结垢部位，对结晶垢层进行溶解清洗；

⑥清洗过程中留意清洗液 pH 值，随时做好补充清洗剂的准备；

⑦清洗完成后，对废液及沉积物及时进行处理，防止其对地下水和环境产生不利影响。

图 5-6 气水脉冲管道清洗机[96]

该方法对形成时间较久、硬度较大、强度较高的隧道排水管碳酸钙结晶垢层具有较好的清除效果。

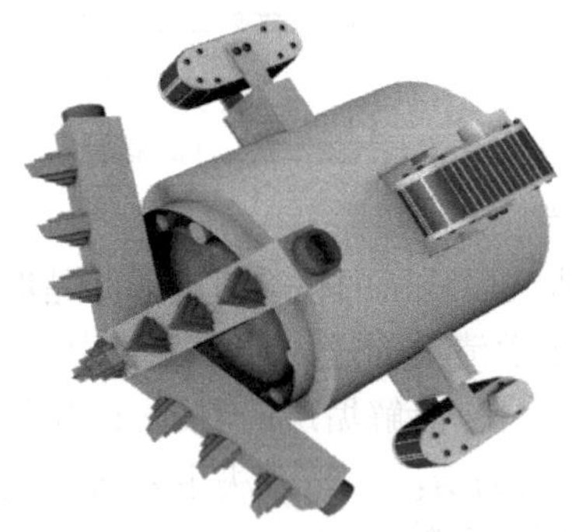

图 5-7 管道疏通装置设计图

还有一类是通过使用按照管道尺寸设计的刮刀,用刮刀摩擦切削结晶黏附物,使结垢物松动破碎,从而疏通排水管。此类方法使用的装置如图 5-7 所示。该装置的优点有:

①刮刀可切削管道内固结的结晶体,使结晶体破碎,从而容易随水流流出;

②通酸管可配合泵将有机酸喷射到排水管管壁上,溶解排水管上难以切削的结晶体,同时冲刷结晶体;

③履带支撑部位可随排水管大小进行伸缩调节,适应排水管部分区段被混凝土压缩变形的情况;

④履带行走可使清理机转弯和倒退,从纵向排水管进入横向排水管,从而达到清理整个排水系统的效果;

⑤照明系统配合高清摄像头,将清理过程实时传输到控制屏幕上。

这类方法自动化程度高、疏通效果好、工作可靠、操作方便,适用于全断面发生堵塞且堵塞区段长、结晶体硬度大的排水管的疏通,但当排水管受到过挤压且发生过较大变形时,使用切削方法容易损坏管道,同时管道疏通机器人设备复杂、装置成本高,在实践中并不常用。

除此之外,还可参照城市污水管道清理方法——使用轮式或履带式移动机器并用电动机驱动的管道疏通机器人清理城市污水管道的堵塞部位,如图 5-8

所示。但该方法在隧道中的应用还处于探索阶段,主要原因有:受隧道结构的限制,机器人体积不能过大,电动机功率也不能很大,而且该种机器人只能开展隧道中心排水管/沟的清理工作,对于管径更小的横、纵向排水管,其无法进行清理工作。

图5-8 污水管道清理机器人

机械法清理是目前隧道排水管清理常用的方法,根据排水管堵塞程度和结晶体结晶程度的不同,所使用的清理方法也不尽相同。表5-5给出了目前清理措施中常用的隧道排水管机械清理方法,并给出了每种方法的适用条件。

不同类型的隧道排水管机械清理方法及其适用条件 表5-5

清理方法	具体分类	适用性	对排水管的影响
高压冲洗法	固定喷嘴的高压水冲洗,当喷嘴处的压力为12MPa时,其流量为150L/min	适用于结晶体结构松散,结晶量中等或较少的情况	对排水管的损害较小
	带有旋转喷嘴的高压水冲洗,喷嘴处的压力为70~100MPa	适用于结晶体材质坚硬,呈块状的情况	当喷嘴工作时,容易破坏排水管的内壁
刮刀切削法	绳链刮刀	适用于排水管堵塞程度较高(并未完全堵塞),且结晶体坚硬的情况	正确使用时,破坏排水管的风险较低;错误使用时,极易破坏排水管
	冲击切刀	适用于排水管被完全堵塞且结晶体坚硬的情况	对排水管内壁的破坏程度极大

二、物理法

物理法除结晶技术主要是指通过在排水管道中应用电、磁、声等技术和相应设备以达到物理抗垢、缓蚀、去除结晶堵塞物的目的。物理法除结晶设备通常设计简单,制造费用低,对环境无污染。而且一旦正确安装,运行可靠,并不需要精细的日常维护。目前,常用的物理抗垢除结晶技术主要包括磁处理技术、超声处理技术、高压处理技术[97]。

(1)磁处理技术

磁处理技术始于1945年,最早用于锅炉防垢、除垢工艺,后逐渐成为一种解决管道壁结垢问题的有效物理方法[98-99]。磁处理对水的许多物理化学性质有影响,同时会使水的分子结构发生改变[100]。磁处理防垢除结晶机理主要包括如下几点:

①磁场能引起水分子产生共振现象,使水的分子结构发生改变;

②磁场可使水中的结晶阴、阳离子运动速度降低,静电引力下降,从而使水中的钙离子无法与碳酸根离子结合生成碳酸钙;

③磁场可使水的偶极矩增强,水与结晶阴、阳离子的亲和力增强,从而使黏附管壁上的结晶体逐渐松软以至脱落;

④磁场作用下产生的极微小的水分子可以渗透、疏松、溶解结晶体,从而达到防垢除结晶的目的[101-102]。

图5-9、图5-10所示分别为电磁转换原理图和磁处理防垢除结晶模型。电磁转换部分的作用是用导线产生交变电磁场,根据电磁感应原理,流经它的交变电流将产生交变的磁场,通过改变缠绕在水管上的线圈中的电流来改变水管中的磁感应强度,从而控制碳酸钙结晶物质的生成和溶解过程[103]。

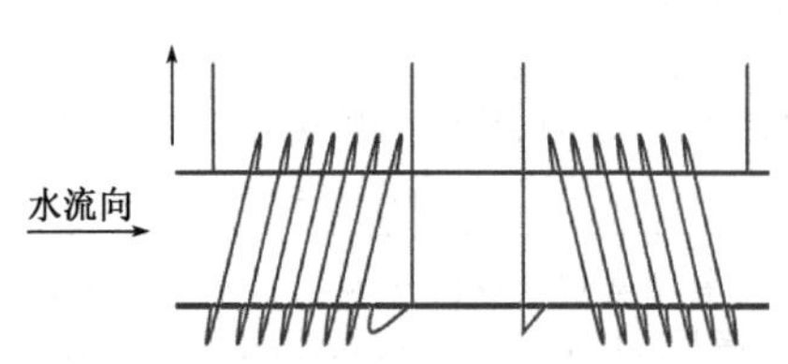

图5-9 电磁转换原理图

图5-10 磁处理防垢除结晶模型

然而在实际应用中,往往难以针对具体的结晶堵塞管道优化相应的磁处理参数,这使得磁处理技术的结晶处治效果并不稳定,只能在隧道排水管结晶前期起到一定的预防作用，对于结晶严重的排水管道，在水流不通的情况下磁处理技术不能发挥去除结晶堵塞的作用。

另外，还可以在排水管的接口端加入垂直切割强磁力线，在磁场的作用下，水中的分子、离子及粒子将被极化，由于被极化的同性离子互相排斥，碳酸钙在水中的溶解度增大。同时极化的水分子在管壁形成水膜，水中溶解氧大大减少，降低了氧化腐蚀速率，而且在磁场作用下 pH 值变化缓和，水保持中性，防止了酸碱腐蚀。该方法容易操作和控制，也不会对管道产生腐蚀作用。

(2)超声处理技术

超声处理技术采用换能器发射超声波，直接作用在结晶堵塞管道的内壁，声波振动和空化效应的冲击力直接作用于结晶体与管壁接触处，达到去除结晶体的目的[104]。超声波防垢除结晶原理主要基于以下几种效应：

①机械振荡作用。

超声波会引发流体介质振动甚至产生周期性共振。这种共振会在局部形成交流波，迫使各个质点产生激烈振荡。这种振荡使得介质存在的环境和分子间作用力发生剧烈的变化，使得介质分子间原有界面张力不断下降。

②空化作用。

超声波作用于流体介质时，会改变流体介质的固有属性，使得流体介质中压强急剧下降，溶解于液体中的空气逸出，从而产生大量不稳定的微小空穴和气泡。这些小气泡随着超声作用生长、破裂，破裂的瞬间就像炸弹爆炸，会产生瞬时极端高压。高压会带动流体流动，形成高梯度流场。当超声波功率足够大时，这种极端高压可以粉碎一些小尺寸的固体晶粒。

③剪切作用。

不同介质的声音阻抗不同，超声波在其中传播的速度也不同，当它传播到两种不同声音阻抗的介质交界面时，交界面处产生速度差。这个速度差直接影响介质分子的振动速度，进而在交界面上形成剪切应力。这种剪切应力可以直接减弱分子与界面间的亲和力。

④热作用。

超声波作用于流体会带动流体介质一起振动，将流体看成一个个质点，质点随着介质振动从而具有动能。由于质点也在超声波作用下发生形状变化，存储着势能，因此在超声波作用下，流体介质中既存储了动能又存储了势能。由能量守恒定律可知，这些能量最终将以热能的形式释放出来。

⑤抑制效应。

超声波作用于管道的流体时，直接改变了流体瞬时的物理和化学状态，而微小晶体的形成需要一个稳定的环境，超声波作用可以抑制微小晶体生长，而新生成的微小晶体质量小，需要长时间的静置，才能慢慢附着在管壁上，因此在变化如此剧烈的环境下，微小晶体会被流动的流体带走，大量的粒子被湍流带走，黏附于管壁上的粒子数量急剧下降，成垢的总量也相应地急剧下降。

超声波的上述作用所产生的交叠效应，使得形成结晶变得困难，这不仅破坏结晶物生成和板结的条件，也会让已经形成的结晶物脱落，达到清理的目的。超声波作为声波传播的能量和力也能在一定程度上达到除结晶、防结晶的目的。这种方法采用换能器发射超声波，直接作用在含垢管道内壁，仅需在排水管外壁安装换能器就可以达到安全去除结晶沉淀的目的，具有易操作、低损耗、无污染等特点。超声波可以粉碎管道中较大的结晶体，同时超声波的频率、强度以及溶液的种类、温度、浓度、pH 值都与超声波去除结晶沉淀的效率有关，不同参数组合去除碳酸钙结晶的效果不同[105-106]。

然而，到目前为止，超声波技术仍没有形成一套完整的理论体系，需要研究的理论还有很多，所以超声波的大部分推广均建立在试验的基础上。从试验中也可以看出，在很多方面，添加超声波的效果远远超过不添加超声波的效果，但是效果变好的原因并未指出。目前，超声波应用的范围越来越广，几乎所有领域都在尝试引入超声波，如超声波增油、超声波碎石、超声波洗牙、超声波清洗、超声波探测、超声波裂解等，有的领域超声波效应可以很直观地找到与之对应的理论，而有的领域却很难，这还需要学者们不断探索与深究。

(3)高压处理技术

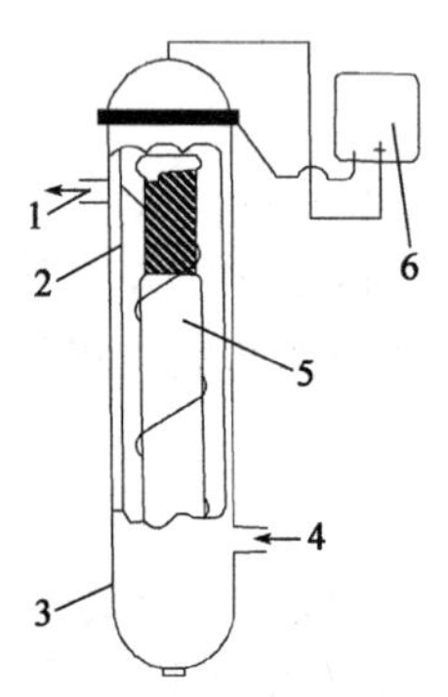

图 5-11 静电水发生装置[107]

1-出水口；2-铁芯线圈（阳极）；3-钢管（阴极）；4-入水口；5-绝缘筒；6-高压发射器（底部是排水口）

高压处理技术目前主要用于化工、制药、食品等行业的工业循环冷却系统中排水管道的阻垢和清除结晶，但针对隧道排水管结晶堵塞的处治还鲜有应用实例。

高压处理技术通常是指利用高压静电场处理管道中循环水，以达到阻垢、清除结晶的目的。高压处理技术作用机理主要包括以下几点：①通过高压静电场可以改变水分子中的电子结构；②通过静电作用破坏结晶体分子间的电子结合力，促使硬垢疏松；③在电场作用下增强其与盐类离子的水合能力，提高结晶体的溶解速率，使结晶体逐渐剥蚀、脱落[107-109]。

静电水发生装置如图 5-11 所示。其构造并不复杂，由两部分组成：一部分是直流高压电源，用来提供静电场；另一部分是水静电化装置，其阳极为置于聚四氟乙烯圆筒内的绝缘良好的铁芯线圈，钢管本身即为阴极，在阳、阴极上施加高压，同时阳、阴极间保持一定距离以使水从中流过，水经静电处理后流入用水设备。

静电水防止结晶成垢的原理如下。众所周知，水是一种带极性的偶极子，在高压静电场作用下，水分子会发生较大的变形和取向，即偶极子的正电端朝向静电场的阴极，负电端朝向静电场的阳极，这样一来，水将按正负次序一一相连、整齐排列。当水中含有溶解盐时，这些盐的正、负离子将被数个偶极子包围，也以阳、阴极的次序进入偶极子群中，于是它们的运动速度会降低且彼此间的有效碰撞大大减少，不容易产生结晶体。静电水除结晶是一个动态平衡的过程，一方面，静电水大大降低了结晶的生成速率；另一方面，水分子偶极矩的增加增强了水分子与溶解盐正、负离子间的水合能力，从而提高了已有垢层的溶解速率[107]。

关于排水管中结晶堵塞相关处治手段，常用物理处治方法见表5-6。

排水管中结晶堵塞物理处治方法汇总[110]　　表5-6

物理方法	处治原理	适用性	优点
电脉冲法	结晶体和管壁在不同振动频率下分离，结晶体在冲击波下碎裂	可处治完全堵塞或者"U"形排水管	清洗速度快，效率高达90%，不损坏管道
空穴射流法	水射流流束内产生许多空气泡，空气泡破裂产生强大的冲击力使得结晶体破碎	管径40～1000mm范围均适用，长度不限制	清洗效果好，除晶率达98%，速度快，清洗长度大
清管器法（PIG法）	PIG运行过程中紧贴管壁，将结晶体刮削下来。也可采用多层清洗方式，如在两个PIG间加入化学试剂	可用于各类管道，几十千米长管道同样适用	设备简单易操作，经济效益好

三、化学法

化学法是指通过注入溶解剂，使排水管中的结晶堵塞物与溶解剂发生化学反应，从而使结晶堵塞物逐渐溶解，并顺着管道流走。化学法操作简单、处治效果好、经济效益显著，但容易对隧道结构造成腐蚀性损害，同时对周边地下水、土壤环境影响较大，在实际隧道排水管结晶堵塞处治中使用较少。目前常用的方法主要有络合法、酸法、综合法三种，见表5-7。

隧道排水管结晶堵塞化学处治法汇总　　表5-7

化学方法	主要成分	反应机理	效果评价
络合法	乙二胺四乙酸二钠（EDTA二钠）、有机磷酸盐类、亚氨基二琥珀酸钠（IDS）等	螯合剂可以与钙离子形成1∶1的络合物，通过螯合剂与钙离子的螯合反应，生成比碳酸钙更加稳定的易溶于水的络合物，促进碳酸钙结晶体中钙离子的电离，从而实现对碳酸钙的溶解[111]	络合法不会对隧道主体结构造成损坏，且不会对环境产生严重影响，但对于硬质结晶沉淀物溶解效果差，不适用于隧道排水管结晶处治
酸法	醋酸、甲酸、稀盐酸等	主要利用酸碱中和反应原理，将难溶于水的碳酸钙结晶体通过化学反应转化为二氧化碳气体和可溶性钙离子	酸法对结晶沉淀物的溶解效果好，可以起到较好的清除隧道堵塞结晶体的作用，但酸会对隧道结构产生不利影响，需要与其他试剂联合使用
综合法	酸+络合剂+表面活性剂	酸法可将结晶体变成易溶于水的金属离子；络合剂使其与金属离子络合形成可溶性的络合物；表面活性剂提高液体及管道内表面润滑性，降低沉淀物的附着力[112]	综合法相较于酸法，对结晶沉淀物的溶解速率更快，可以起到很好的清除隧道堵塞结晶体的作用，但同样会对环境产生不利影响

（1）络合法[111]

金属原子或离子与含有两个或两个以上配位原子的配位体作用，生成具有环状结构的络合物。该络合物叫作螯合物，能生成这种络合物的物质叫作络合剂[113-115]。金属配合物的稳定性由成垢金属离子和络合剂的性质共同决定。络合剂的稳定常数决定了其对金属的亲和力,稳定常数越高,络合产物越稳定。络合剂通过络合金属离子来提高无机盐的溶解度,并可以防止离子的再结合而导致沉淀[114]。其与金属离子的多重配位键可以产生更稳定的水溶性络合物,从而促进碳酸盐结晶体的溶解。

相较于有机酸和无机酸,络合剂对环境破坏更小,更易于降解,对混凝土和钢筋的腐蚀性更小,是清除结晶体较为理想的选择。与无机酸相比,络合剂的主要优点是腐蚀速率更低,所需缓蚀剂更少,但缺点是成本更高。络合剂和酸的混合物已经在一些研究中被用来去除碳酸盐垢,但大多数络合剂在 pH 值小于 4 的酸性介质中溶解度较低,不便于应用。而单独使用络合剂溶解白色结晶物,效果甚微,故不适用于隧道结晶堵塞治理。

(2)酸法[111]

酸法是利用酸碱中和反应原理,将难溶于水的结晶体通过化学反应转化为可溶性离子。酸法中主要用到的成分包括无机酸、有机酸以及它们的组合。

①无机酸。

无机酸中,盐酸是去除碳酸钙结晶体效果较好的酸,但它会对环境产生严重污染,且难以回收。理想的结晶溶解剂应具有良好的热稳定性、溶解能力以及较弱的腐蚀性,且溶解后不产生有害气体。盐酸对钢铁具有强腐蚀性,对地层的损害也较为严重,因此多数情况下并不被用作去除碳酸钙结晶体的化学清洗剂。

②有机酸。

有机酸如甲酸、乙酸、柠檬酸等都可以用来去除碳酸钙结晶体。与盐酸相比,大多数有机酸的解离常数非常低[116]。由于有机酸腐蚀速率较低,反应时间较长,因此其是去除结晶体较为理想的选择。

众所周知,甲酸和乙酸作为弱酸,是弱电解质,它们对碳酸钙的溶解能力分别为盐酸的 76% 和 58% 。甲酸(质量分数 7%)和乙酸(质量分数 5%)的混合物溶解方解石垢的效率是质量分数为 10% 的乙酸溶解能力的 4 倍。柠檬酸具有 3 个羧基和 1 个羟基,使用柠檬酸去除碳酸钙结晶体的主要问题是产物柠檬酸钙的溶解度较低,且随温度升高,溶解度会进一步降低[117]。

③无机酸和有机酸组合。

利用有机酸和无机酸的组合来溶解结晶沉淀物,既能降低无机酸的用量,还可产生协同作用。有机酸和无机酸的混合物比单纯使用无机酸的效果要好很多,特别是在高温条件下,使用盐酸和有机酸的混合物来溶解碳酸钙结晶体效果良好。

四、生物法

生物法主要是指利用 CA(碳酸酐酶)来阻止结晶物析出。CA 是一种可以催化 CO_2水化反应的锌酶,pH 值为 4 ~ 9,在温度低于 65°C 的条件下可以保持较高的活性和稳定性,被认为是促进碳酸盐矿化的关键酶之一。

如果排水管内的地下水偏酸性,酸性环境则会抑制沉淀结晶物的生成;如果排水管内的地下水偏碱性,则能增强 CA 的活性,会促使更多的 CO_2转化,从而促使排水管内的结晶沉淀物溶解。用碳酸酐酶微生物处理循环水的水垢,结果显示:碳酸酐酶能溶蚀硬垢且使其结构疏松,水垢表面可被溶蚀成细小颗粒,溶蚀效果可深入垢样内部。

通过在隧道排水管内放置可以产生大量 CA 的细菌,能有效预防排水管内结晶体的形成。但这种从源头防止结晶体生成的生物方法在实际操作中有一定的难度,特别是 CA 细菌的培育和生长。

五、小结

隧道排水管结晶体成垢速度快、硬度大、处治困难,现有的机械法、物理法、化学法、生物法中以机械法中的高压水冲法和化学法中的酸法最为常用,但其对于硬质结晶体的处治效果并不理想。总的来说,对于排水管结晶问题的防治,在研究上应重点关注预防方面,找到能够减少排水管中碳酸钙形成的关键条件,发展智能化、自动化、绿色环保的隧道结晶防治技术。

第四节　隧道排水管结晶堵塞预防措施与建议

针对隧道排水管结晶堵塞问题,基于前面章节对结晶体形成过程及机理的阐述,同时考虑隧道排水管结晶的影响因素,并在参考一些具体工程实例及文献调研的基础上,建议从优化喷射混凝土施工配合比、优化排水系统设计、改善及控制施工过程等方面预防排水管结晶堵塞。

一、喷射混凝土方面的优化建议

隧道围岩水不可避免地在喷射混凝土裂隙通道中发生渗流,造成水泥水化产物 $Ca(OH)_2$溶蚀流出,从而很大程度上导致隧道排水管的结晶堵塞,因而可以通过优化喷射混凝土配合比和加速水泥水化进程来预防和改善排水管结晶堵塞状况,如在混凝土中掺加粉煤灰、硅灰、抗碱剂等超细粉掺合料。这些超细粉掺合料微粒中含有大量的活性二氧化硅,活性二氧化硅可与混凝土中的水化钙反应生成硅酸钙大分子凝胶,在堵住混凝土内部孔隙的同时消耗内部游离钙,减少钙的溶出。此外,降低混凝土的孔隙率可以减少地下水在混凝土中的渗流通道。喷射混凝土孔隙率与水灰比关系密切,一般喷射混凝土施工配合比中水灰比控制在0.43左右,在满足正常施工和喷射混凝土要求的前提下,可以适当降低喷射混凝土水灰比,提高混凝土的密实度以减少地下水的渗入[47]。

(1)原材料选择

隧道产生白色结晶体病害与衬砌密切相关,不论是地下水与混凝土的直接化学反应过程,还是地下水对混凝土的侵蚀过程,其本质都是混凝土中钙流失的过程。在满足衬砌强度和功能的条件下,应尽可能减少混凝土中钙的流失量。一种方式是减少地下水与衬砌的接触,如选用早强型水泥,减少地下水在混凝土中的渗流通道;另一种方式是选择钙质含量低的水泥和速凝剂。

隧道混凝土原材料选择主要考虑两个因素,一个是混凝土密实度,另一个是混凝土早强性。提高混凝土的密实度可以有效提高混凝土的强度、耐久性和抗渗性。相反,如果喷射混凝土密实度差,就会出现蜂窝、麻面等缺陷,致使混凝土脆性大、疏松多孔,与钢筋黏结不佳,白色结晶体也更容易析出;在隧道施工过程中混凝土早期强度还没有完全发挥时,白色结晶体出现最多,混凝土 Ca^{2+} 流失量最大,因此在隧道施工中应尽量采用早强型水泥。

(2)配合比设计

①控制水灰比:一般而言,用于水泥水化的水量只需水泥质量的25%左右,而很多隧道实际施工中水灰比远高于25%,有些甚至超过60%。有些富水隧道涌水严重,施作喷射混凝土前并没有做好排水措施,无形中增大了喷射混凝土的水灰比,导致施工中生成的胶体水泥浆浓度低,虽然高水灰比能增强混凝土施工的和易性,但容易产生泌水和离析现象,并且使得混凝土强度和耐久性能降低。水灰比越小,混凝土内部孔隙率就越低,混凝土的后期强度也就越高。因此,在满足施工和易性和使用功能的前提下,应尽可能降低水灰比,提高混凝土的抗渗性能。

②定制混凝土:如采用280kg/m^3CEM Ⅰ 52.5R水泥,140kg/m^3 外掺料(粉煤灰等),7%掺量硫酸铝型速凝剂,或320kg/m^3CEM Ⅰ 52.5R水泥,110kg/m^3 外掺料,40kg/m^3 金属纤维。与普通混凝土相比,低含量氢氧化钙和硫酸盐活性矿物可显著降低 Ca^{2+} 和 OH^- 的释放量,大大降低了钙的溶出量[23]。

③合理利用外掺料:如粉煤灰、硅灰、抗碱剂属于超细粉掺合料,这些超细粉掺合料微粒中含有大量的活性二氧化硅,而活性二氧化硅可以消耗大量的氢氧化钙。粉煤灰、硅灰的掺入可以使水泥浆体中颗粒分散得更加均匀,同时扩大水

泥的水化空间和水化产物的生成场所，促进水泥初期的水化反应。此外，粉煤灰、硅灰取代了部分水泥材料，也可起到降低胶凝材料中钙质总量的作用，如喷射混凝土掺加20%的粉煤灰，混凝土强度和渗透性都有所提高。

二、排水系统设计的优化建议

在山岭隧道排水系统设计中，目前以“排水垫层+环形排水盲管+纵向排水盲管+横向排水盲管+排水边沟+中心排水沟”排水设计为主，然而在地下水量大的围岩地段，特别是有结晶堵塞病害的地段，这种排水设计往往不能满足隧道的实际排水需求。相反，一旦排水盲管被堵塞，就容易引发整个区段排水系统的失效，继而造成衬砌背后水压积聚、衬砌渗漏水等问题。因此，对于富水且存在结晶堵塞病害的隧道来说，排水系统设计应注重施工前防水、堵水工作，同时增加洞内泄水引排点布设、洞身防水板布设、加密横向排水管布设等。

图5-12为某隧道清水沟断面尺寸图，雨季时清水沟断面尺寸小而难以满足排水要求；图5-13为某隧道排水系统堵塞导致地下水压增大，进而导致路面产生裂缝；图5-14为某排水系统失效，对隧道路面进行钻孔以排放蓄积在仰拱内的积水；图5-15为某排水系统失效，隧道重新施作边沟和碎石盲沟。

图5-12　清水沟断面尺寸小

图5-13　排水系统堵塞导致路面产生裂缝

图5-14　排水系统失效，钻孔以排放积水

图5-15　排水系统失效，隧道排水系统重新施作

对于排水管结晶堵塞病害严重的区段,可考虑缩短检查井间距以提高管道疏通的便捷性。隧道现有检查井间距一般为50～100m,疏通距离较长且不易清洗。因此,针对水量较大、容易产生结晶体的隧道,可根据实际情况缩短检查井间距,以克服现有清理设备的不足,从而有效清理被结晶体堵塞的排水管。侵蚀性地下水地段隧道的排水系统除满足一般地段隧道排水系统的要求外,还应结合耐久性要求,选择具有一定抗腐蚀性能的材料构建排水系统管路。为了减少侵蚀介质的汇集,避免侵蚀性地下水对衬砌结构的侵蚀,并减少由于水中析出物的沉积造成的排水系统的堵塞,对侵蚀性地下水地段隧道的排水系统可采取加大排水纵坡、增大排水管径等措施。当隧道设置平行导坑、横洞等辅助坑道时,应结合影响范围及危害程度,设置横向排水通道、泄水孔,及时引排地下水,必要时还可设置泄水洞等构筑物。具体措施包括:

①加大排水沟、排水管断面尺寸。在不影响隧道安全性能和使用功能的前提下,加大隧道边沟、中央排水沟和排水管断面尺寸,为运营隧道预防排水管结晶堵塞提供更好的安全保障。

②缩短检查井间距。针对水量较大、易产生结晶体的隧道,建议检查井间距缩短至30m甚至更短,以克服现有清理设备的不足。隧道中纵向排水管检查井如图5-16所示。

图5-16　纵向排水管检查井

③排水管材质。公路隧道排水管一般采用直径为110mm的双壁波纹管,如图5-17所示,管内表面凹凸不平。建议采用内壁光滑、摩擦系数小的排水管,如用“不粘锅”材料或特殊材料制成的排水管,以减少排水管内壁结晶体的成核堆积。安装排水管前可将排水管浸泡在氨基三亚甲基膦酸(ATMP)或羟基乙叉二膦酸(HEDP)等阻垢剂液体中,利用阻垢剂的阻垢效应和滑润效应,减少结晶体在管道内的沉淀聚集。

图 5-17　隧道使用的双壁波纹管

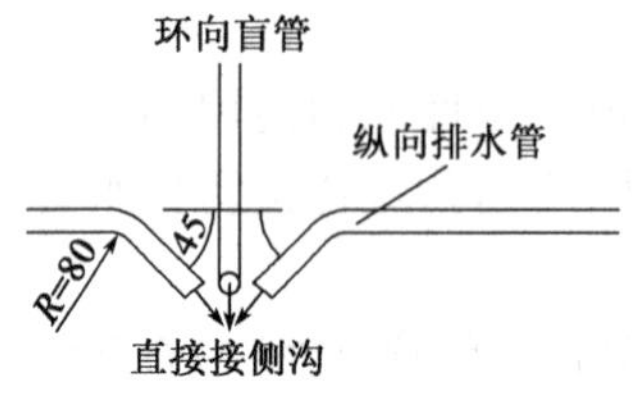

图 5-18　隧道排水管设置形式[118]

④排水管设置形式。为了更利于隧道排水管引排，可以增大排水管坡度或优化原有的三通连接设计，直接将纵向排水管、环向盲管接入侧沟内，从而通过降低水流的动能损失，增大水流速度来达到减少管口处结晶的目的，如图 5-18 所示。

同时，为了防止隧道排水管结晶堵塞，最直接的办法就是阻止结晶体在排水管中沉积，这样即使地下水中存在诱导结晶体产生的腐蚀介质，也不会在排水管中形成沉淀以造成堵塞。目前提出的方法主要有以下 4 种：

①使用一种防护涂层来减少结晶体在管道壁的沉积，利用涂料对水管壁面进行疏水处理，使结晶溶液与水管涂层间形成疏水作用力，以降低结晶体的附着能力。

②使用植绒 PVC 隧道排水管抑制结晶体在管壁附着，利用导热型隧道排水管材避免隧道排水管因温度过低而产生结晶堵塞病害[119]。

③通过减小排水管连接部位的角度、降低管材的摩阻力、调整曲率半径等措施，减少水在流动过程中的动能损失以提高隧道排水系统的排水能力，达到减少结晶沉淀的目的。

④排水管中溶液的结晶现象与空气中的 CO_2 关系密切，CO_2 会与地下水从混凝土内挟带出的 $Ca(OH)_2$ 反应生成碳酸钙结晶体。因此，隔绝排水管中溶液与空气中 CO_2 接触也是一种预防结晶的好方法。图 5-19 所示是利用连通器原理，在隧道仰拱处、两侧边沟和中央排水沟进口端设置“U”形密封器，减少空气中的 CO_2 进入隧道排水系统；图 5-20 是通过在侧沟内设置横向凸台，使凸台与侧沟构成浸没隧道排水管的容水腔，通过容水腔的水封起到阻止 CO_2 进入排水系统的作用。

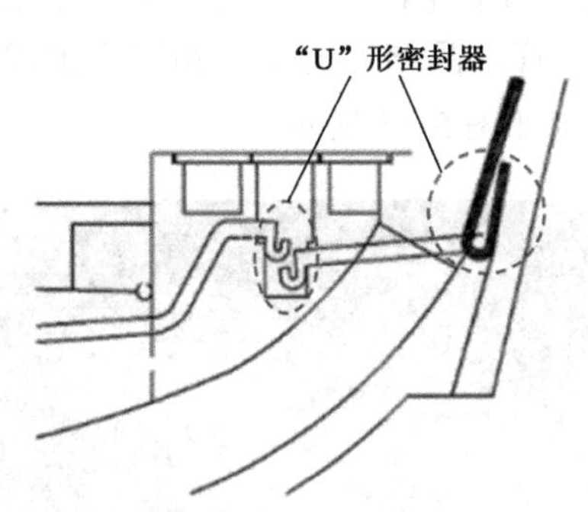

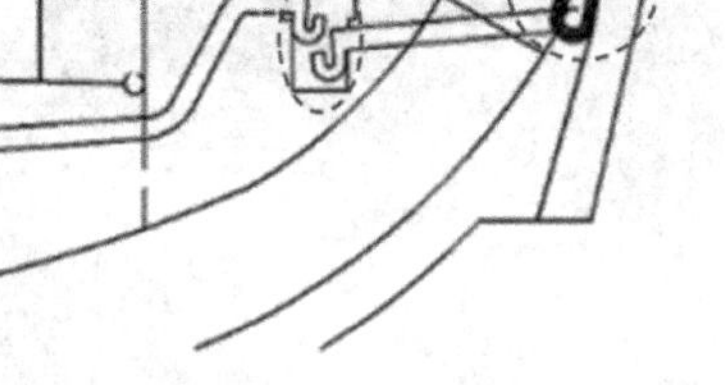

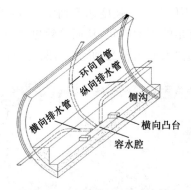

图 5-19　防止 CO_2 进入的“U”形密封器[120]

图 5-20　容水腔设置形式[121]

另外，为了及时检测隧道排水管内结晶情况，应当建立隧道排水管结晶堵塞检测系统，为运营期间及时清理结晶堵塞物提供支撑，避免由于“不知情堵塞”延误处治最佳时期或频繁处治造成经济浪费。图 5-21 是与排水管相连的溢水孔，如果排水管堵塞，排水管中的水会通过溢水孔溢出，从而对排水管是否堵塞进行简单的判断。最好的方式是预留检查孔，通过检查孔可以对排水管中结晶情况进行实时监测。

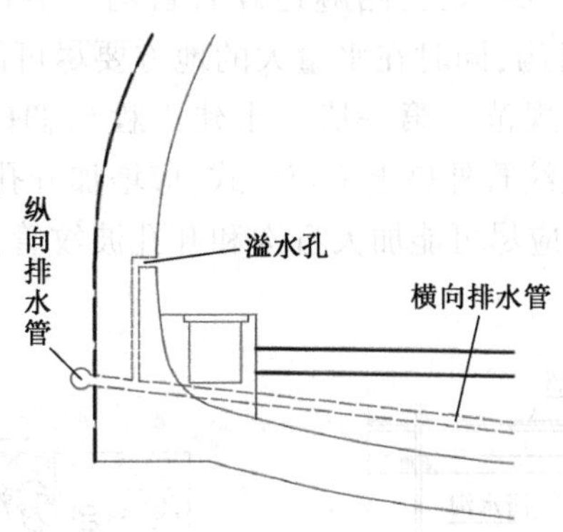

图 5-21　检测排水管堵塞的溢水孔形式[122]

三、施工建议

(1)喷射混凝土质量

喷射混凝土质量主要体现在混凝土密实度等方面。应严格按照混凝土强度和抗渗等级要求进行施工，确保达到喷射混凝土密实度、抗渗性要求，避免发生初期支护背后脱空等不良现象。若隧道衬砌背后有空洞或混凝土局部密实度差，不仅混凝土强度达不到要求，最重要的是背后空洞和大孔隙混凝土会给地下水充足的流动空间，从而导致更严重的排水管结晶堵塞现象。初期支护混凝土表面渗水如图 5-22 所示，初期支护背后空洞如图 5-23 所示。

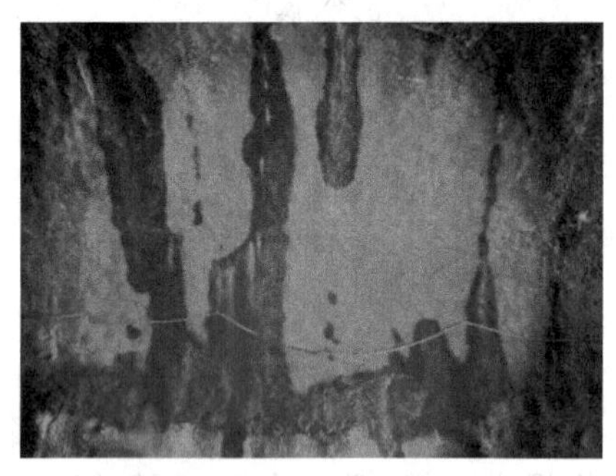

图 5-22　初期支护混凝土表面渗水

图 5-23　初期支护背后空洞

(2)排水设施施作

①碎石盲沟施作。

易产生结晶体的隧道一般水量都较大，因此设置盲沟是不可缺少的路面排水手段。图 5-24、图 5-25 是公路隧道碎石盲沟一般设置方案。施工缝、变形缝处务必设置碎石盲沟，同时在水量大的地方要尽可能地加密布设，具体可以参照《公路隧道设计规范　第一册　土建工程》(JTG 3370. 1—2018)。目前盲沟内常采用开孔波纹管外裹土工布形式，应增加开孔波纹管的开孔数量和开孔孔径，若条件允许，应尽可能加大盲沟和开孔波纹管截面尺寸，以提高过水能力。

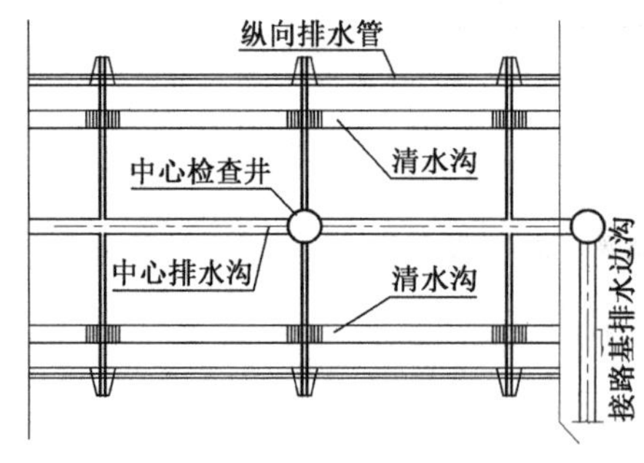

图 5-24　碎石盲沟布设

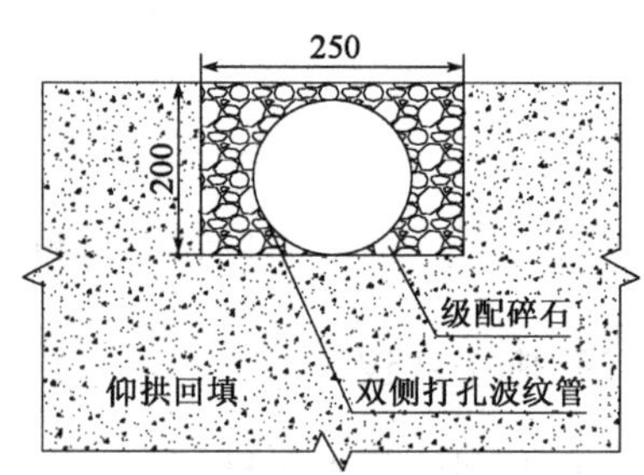

图 5-25　横向盲沟断面(单位:mm)

②环向盲管，横向、纵向排水管施作。

富水隧道施工过程中，局部渗水严重的区段，应当设置引水管，且应设置在围岩渗水节理处。在排水管道施工过程中,应严格控制施工质量,尽可能避免排水沟内水“倒灌”、倒坡、平坡、“V”形坡、“倒 V”形坡、泥沙堆积等问题。

(3)施工控制措施

隧道建设期间,若地下水不断地冲刷喷射混凝土,混凝土中生成的水泥浆浓度就会降低,混凝土中水泥水化后游离的多余水分往往会附着在集料上,导致胶体与集料黏结面积减小,黏结力下降,以致混凝土硬化时产生细小裂纹。这不仅为产生更多结晶体提供了充足的渗流通道,而且混凝土强度和抗渗性大大降低。图 5-26 所示为某隧道建设过程中出现严重渗漏水的情况。因此,务必格外重视加强隧道开挖后的堵水措施、引排水措施,保证在喷射混凝土施作过程中和喷射完成后一段时间内,地下水不能或难以透过喷射混凝土层。

图 5-26 在建隧道渗漏水情况

对于隧道渗水面积大的区段,建议将带孔排水管穿透初期支护喷射混凝土,打入围岩渗水节理处,让地下水直接通过水管排出隧道,从而减少地下水与初期支护喷射混凝土的接触面积,如图 5-27、图 5-28 所示。

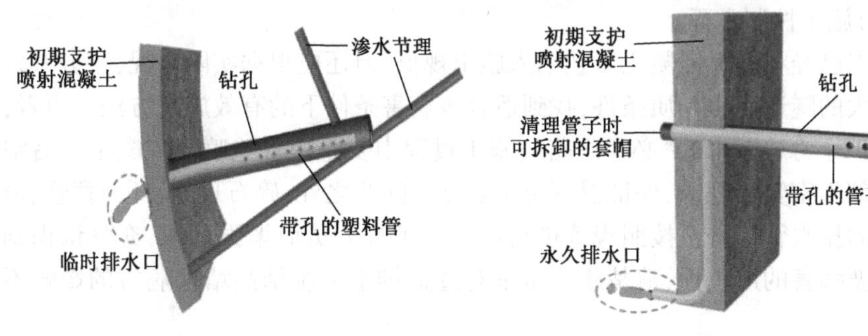

图 5-27 钻孔临时排水方式

图 5-28 钻孔永久排水方式

四、小结

本节主要从设计和施工角度进行了全面的总结，主要建议措施总结如下：

（1）防排水设计方面

①对于易出现结晶现象的隧道，首先应该尽可能选择早强型材料或低钙含量材料。其次应优化喷射混凝土配合比，优化喷射混凝土配合比措施主要从以下几个方面考虑：a. 在满足施工和易性和使用功能的前提下，应尽可能降低水灰比，增大混凝土的密实度，提高混凝土的抗渗性能；b. 根据隧道地质条件采用“定制配合比”的喷射混凝土；c. 合理利用粉煤灰、硅灰、抗碱剂等超细粉掺合料。喷射混凝土方面的优化是预防结晶体生成最主要的手段，也是最基本的手段，控制了混凝土质量就等于控制了大部分结晶体的源头。

②流动的地下水与混凝土间持久的相互作用会将混凝土中大量的钙物质携带出来，因此，应尽可能减少地下水与混凝土的接触面积，尤其在隧道建设阶段，水泥正处于快速水化反应阶段，更要做好防护措施，减少地下水与混凝土的接触面积。

③鉴于目前还没有完整的隧道排水管结晶堵塞防治技术，本着“预防胜过补救”工程质量管控原则，在不影响隧道安全性能和使用功能的前提下，应尽可能加大隧道边沟、中央排水沟和排水管断面尺寸，为运营隧道预防排水管结晶堵塞提供更好的安全保障；建议缩短检查井间距，以克服现有处治技术不成熟的缺陷；应尽可能采用内壁光滑、摩擦系数小的排水管，增大排水管坡度和优化排水管设置形式，以降低水流的动能损失，提高隧道排水系统的排水能力。

④排水管流出溶液析晶与空气中的 CO_2关系密切，可以对排水管设置形式进行局部改进，减少 CO_2进入排水管；建立排水管结晶堵塞检测系统，避免错过最佳处治时期或频繁处治造成经济浪费。

（2）施工控制方面

虽然已经将湿喷混凝土工艺纳入施工规范，但还应根据实际情况，充分考虑结晶量大的隧道工程地质条件，找到适合该病害条件下的有效施工方法。再者，初期支护作为地下水的“必经之路”，施工过程中要坚决杜绝喷射混凝土背后空洞或局部不密实等现象，保证混凝土密实度。除此之外，碎石盲沟、环向盲管、横向和纵向排水管应严格按照规范进行施工。工程人员应增强意识，充分认识到结晶堵塞病害的严重性，清楚施工质量对隧道排水系统结晶堵塞病害的影响不可忽视。

参考文献

[1] 王梦恕,谭忠盛.中国隧道及地下工程修建技术[J].中国工程科学,2010,12(12):4-10.

[2] 易敏,韩立华.公路隧道围岩稳定性分析和衬砌技术现状综述[J].现代交通技术,2005(3):36-41.

[3] 李兴高,刘维宁.公路隧道防排水的安全型综合解决方案[J].中国公路学报,2003,16(1):68-73.

[4] 杨武策,彭兴彬,王亚琼,等.公路隧道新型防排水分区方法研究[J].公路,2020,65(9):328-333.

[5] 毛昶熙.堤防工程手册[M].北京:中国水利水电出版社,2009.

[6] 中华人民共和国交通运输部.2020 年交通运输行业发展统计公报[N].中国交通报,2021:92-96.

[7] 罗光.公路隧道防排水体系研究现状[J].山西建筑,2019,45(9):163-165.

[8] 王道良.整体式连拱隧道渗漏水机理与防排水措施研究[D].重庆:重庆大学,2010.

[9] 马建秦.地下工程侵蚀性地下水的类型及其产出环境[J].现代隧道技术,2001,38(1):56-59.

[10] 李新宇,方坤河.水工碾压混凝土接触溶蚀特性研究[J].混凝土,2002(12):12-17.

[11] Stephan J. köhler Impacts of aqueous carbonate accumulation rate, magnesium and polyaspartic acid on calcium carbonate formation (6-40℃) [J]. Chemical geology, 2013, 340: 105-120.

[12] 刘再华,袁道先,何师意,等.四川黄龙沟景区钙华的起源和形成机理研究[J].地球化学,2003,32(1):1-10.

[13] 李永新,田友萍,李银.四川黄龙钙华藻类及其生物岩溶作用[J].中国岩溶,2011,30(1):86-92.

[14] 周绪纶,刘民生.九寨沟早期钙华体的岩溶作用与湖瀑景观的形成[J].四川地质学报,2012,32(3):333-338.

[15] 刘再华,游省易,李强,等.云南白水台钙华景区的水化学和碳氧同位素特征及其在古环境重建研究中的意义[J].第四纪研究,2002,22(5):459-467.

[16] 唐宇宏,潘鸿.贵州马岭河瀑布钙华藻类群落特征及生物岩溶作用[J].中国岩溶,2013,32(3):280-286.

[17] 周卓.岩溶地区地下水渗流结晶堵塞隧道排水管机理研究及处治建议[D].西安:长安大学,2015.

[18] 莫斯克文 B M,等.混凝土和钢筋混凝土的腐蚀及其防护方法[M].北京:化学工业出版社,1988.

[19] GALAN I, BALDERMANN A, KUSTERLE W, et al. Durability of shotcrete for underground support—review and update[J]. Construction and building materials, 2019, 202: 465-493.

[20] WU Z, CUI Y, BARRETT A G, et al. Role of surrounding soils and pore water in calcium carbonate precipitation in railway tunnel drainage system[J]. Transportation geotechnics, 2019, 21: 100257.

[21] RINDER T, DIETZEL M, LEIS A. Calcium carbonate scaling under alkaline conditions—case studies and hydrochemical modelling[J]. Applied geochemistry, 2013, 35: 132-141.

[22] DIETZEL M, RINDER T, NIEDERMAYR A, et al. Ursachen und mechanismen der versinterung von tunneldrainagen[J]. BHM Berg-und Hüttenmännische Monatshefte, 2008, 153(10): 369-372.

[23] DIETZEL M, RINDER T, LEIS A, et al. Koralm tunnel as a case study for sinter formation in drainage systems-precipitation mechanisms and retaliatory action[J]. Geomechanics and tunnelling: geomechanik und tunnelbau, 2008, 1(4): 271-278.

[24] CHEN Y, CUI Y, GUIMOND BARRETT A G, et al. Investigation of calcite precipitation in the drainage system of railway tunnels[J]. Tunnelling and underground space technology, 2019, 84: 45-55.

[25] JIA N, TASSIN B, CALON N, et al. Scaling in railway infrastructural drainage devices: site study[J]. Innovative infrastructure solutions, 2016, 1(1): 1-11.

[26] 임근용, 민경우, 오종구. 공용중 터널내 배수체계 개선방안[J]. 한국구조물진단유지관리공학회지, 2013,17(4):61-67.

[27] 叶飞,田崇明,赵猛,等.云南某在建隧道排水管结晶堵塞病害初步探析[J].土木工程学报,2020,53(S1):336-341.

[28] 田崇明,叶飞,宋桂锋,等.隧道排水系统结晶堵塞机理及防治措施初探[J].现代隧道技术,2020,57(5):66-76,83.

[29] DONALDSON J, GRIMES S. Lifting the scales from our pipes[J]. New scientist, 1988, 117(18): 43-46.

[30] HIGASHITANI K, KAGE A, KATAMURA S, et al. Effects of a magnetic field on the formation of $CaCO_3$ particles[J]. Journal of colloid and interface science, 1993, 156(1): 90-95.

[31] 克拉辛.磁化水[M].毛钜凡,刘曼琼,王恒,译.北京:计量出版社,1982.

[32] HASSON D, BRAMSON D. Effectiveness of magnetic water treatment in suppressing $CaCO_3$ scale deposition[J]. Industrial & engineering chemistry process design and development, 1985, 24(3): 588-592.

[33] 尹先清,伍家忠,王正良.油田注入水碳酸钙垢结垢机理分析与结垢预测[J].石油勘探与开发,2002,29(3):85-87.

[34] 蒋雅君,杜坤,陶磊,等.岩溶隧道排水系统堵塞机理的调查与分析[J].铁道标准设计,2019,63(7):131-135.

[35] YEE E, JANG Y, CHUN B. Substrate modification and magnetic water treatment on the maintenance of tunnel drainage systems. I: feasibility tests[J]. Journal of performance of constructed facilities, 2015, 29(3): 04014076(1-7).

[36] YEE E. Substrate modification and magnetic water treatment on the maintenance of tunnel drainage systems. II: field tests[J]. Journal of performance of constructed facilities, 2015, 29(3): 04014077(1-4).

[37] JUNG H, HAN Y, CHUNG S, et al. Evaluation of advanced drainage treatment for old tunnel drainage system in Korea[J]. Tunnelling and underground space technology, 2013, 38: 476-486.

[38] IYER R S, STANMORE B R, PULLAMMANAPPALLIL P C. Solid-liquid mass transfer during leaching of calcium from dilute slurries of flyash[J]. Chemical engineering research and design,1999,77(8):764-768.

[39] JAIN J, NEITHALATH N. Analysis of calcium leaching behavior of plain and modified cement pastes in pure water[J]. Cement and concrete composites, 2009,31(3):176-185.

[40] 于清浩.厦门翔安海底隧道防排水技术及防排水系统堵塞可能性研究[D].北京:北京交通大学,2009.

[41] 向坤,周杰,张学富,等.碱性环境隧道排水管结晶规律室内试验研究[J].隧道建设(中英文),2019,39(S2):207-212.

[42] 毛平平.油田污水电磁防垢除垢技术研究[D].青岛:中国石油大学,2007.

[43] 高英杰. 油田管道成垢影响因素及治理措施研究[D]. 大庆:大庆石油学院,2010.

[44] 赵鹏,郭小雄,马伟斌. 铁路隧道排水管道疏通设备研制及应用[J]. 铁道建筑,2018,58(1):30-32,66.

[45] 叶飞,田崇明,何彪,等. 在建隧道排水系统结晶堵塞试验[J]. 中国公路学报,2021,34(3):159-170.

[46] YE F, HE B, TIAN C, et al. Influence of sodium aluminate on calcium leaching of shotcrete in tunnels[J]. Tunnelling and underground space technology, 2021, 117: 104156.

[47] 叶飞,王坚,田崇明,等. 预防隧道排水系统结晶病害的喷射混凝土配合比优化试验研究[J]. 中南大学学报(自然科学版),2021,52(5):1634-1643.

[48] 中华人民共和国水利部. 水质分析方法:碱度(总碱度、重碳酸盐和碳酸盐)的测定(酸滴定法):SL 83—1994[S]. 北京:中国标准出版社,1995.

[49] 中华人民共和国水利部. 矿化度的测定(重量法):SL 79—1994[S]. 北京:中国标准出版社,1995.

[50] 周本省. 工业水处理技术[M]. 北京:化学工业出版社,1997.

[51] 纪芳田,包义华. 循环水冷却水处理基础知识[M]. 北京:化学工业出版社,1986.

[52] SAWADA K. The mechanisms of crystallization and transformation of calcium carbonates[J]. Pure and applied chemistry, 1997,69(5):921-928.

[53] 张小霓. 电导率法评定阻垢剂及碳酸钙结晶动力学研究[D]. 武汉:武汉大学,2004.

[54] RYZNAR J W. A new index for determining amount of calcium carbonate scale formed by a water[J]. Journal of the American Water Works Association, 1944, 36(4): 472-483.

[55] WILCOX L V, BLAIR G Y, BOWER C A. Effect of bicarbonate on suitability of water for irrigation[J]. Soil science, 1954, 77(4): 259-266.

[56] OSTER J D. Saline and sodic soils: principles-dynamics-modeling[J]. Soil science, 1983, 135(5):329.

[57] LANGELIER W F. Chemical equilibria in water treatment[J]. Journal of the American Water Works Association, 1946, 38(2): 169-178.

[58] GEORGE T, FRANKLIN L B, STENSEL H D. Wastewater engineering: treatment, disposal, and reuse[M]. New York: MeGraw-Hill,Inc, 1979.

[59] STIFF H A, DAVIS L E. A method for predicting the tendency of oil field waters to deposit calcium carbonate[J]. Journal of petroleum technology, 1952, 4(9): 213-216.

[60] Carrier Air Conditioning Company. Handbook of air conditioning system design [M]. New York: McGraw-Hill book company, 1965.

[61] THOMAS A. Sprayed concrete lined tunnels[M]. England and wales: Taylor & Francis, 2008.

[62] 方坤河. 高粉煤灰含量碾压混凝土及其优越性[J]. 混凝土与水泥制品, 1986(1):6-9,25.

[63] 丁莎,牛荻涛,王家滨,等. 粉煤灰对喷射混凝土强度和渗透性的影响[J]. 混凝土,2014(12):11-13.

[64] 陈洪光. 大掺量粉煤灰混凝土应用于隧道衬砌可行性的研究[J]. 混凝土, 2003(2):44-47,60.

[65] 水中和,魏小胜,王栋民. 现代混凝土科学技术[M]. 北京:科学出版社,2014.

[66] 丁鹏,杨健辉,李燕飞,等. 硅灰粉煤灰对喷射混凝土物理力学性能影响的试验研究[J]. 粉煤灰综合利用,2013(2):3-7.

[67] WON J P, HWANG U J, LEE S J. Enhanced long-term strength and durability of shotcrete with high-strength $C_{12}A_7$ mineral-based accelerator[J]. Cement and concrete research, 2015, 76: 121-129.

[68] ZAFFARONI P, PISTOLESI C, DAL NEGRO E, et al. High-performance shotcrete[J]. L'industria italiana del cemento, 2000, 7(8): 598-602.

[69] NEUBERT B, MANNS W. Mechanical technological properties of shotcrete with accelerating admixtures [C]//International Symposium on Sprayed Concrete. Fagernes Norwegian Concrete Association, 1993: 258-270.

[70] 陈怀成,钱春香,赵飞,等. 聚羧酸系减水剂对水泥水化产物的影响[J]. 东南大学学报(自然科学版),2015,45(4):745-749.

[71] 范向前,朱海堂,胡少伟,等. 强碱溶液环境下混凝土力学性能试验研究[J]. 华北水利水电学院学报,2013,34(1):54-58.

[72] 路锋,聂江涛. 甲基硅酸钠(有机硅防水剂)的应用研究[J]. 江西化工, 1995(2):31-34.

[73] 陈小砖,任晓利,陈永昌,等. 高硬度循环水结垢机理的实验研究[J]. 工业水处理,2008,28(7):17-20.

[74] 陈峰,赵春辉,陈朝林. 油田注水系统结垢机理研究[J]. 油气田地面工程,2006,25(7):7-8.

[75] 郭小雄. 铁路隧道排水系统结晶机理及应对措施研究[J]. 中国铁道科学,2020,41(1):71-77.

[76] 肖长来,梁秀娟,王彪. 水文地质学[M]. 北京:清华大学出版社,2010.

[77] 陈仕宇,刘安芳,孙雪娜,等. 弱碱三元复合驱结垢分析及除防垢技术研究[J]. 大庆石油地质与开发,2006,25(S1):97-99,119.

[78] Renan P. Salvador, Sergio H. P. Cavalaro, Ignacio Segura, et al. Early age hydration of cement pastes with alkaline and alkali-free accelerators for sprayed concrete[J]. Construction and building materials,2016,111:386-398.

[79] LEE Y S, LIM D S, CHUN B S, et al. Characterization of a sodium aluminate ($NaA1O_2$)-based accelerator made via a tablet processing method[J]. Journal of ceramic processing research, 2013, 14(1): 87-91.

[80] 牛荻涛,王家滨,丁莎. 水化龄期对掺速凝剂水泥-粉煤灰净浆微观结构影响[J]. 混凝土,2015(1):75-78.

[81] MUHAMAD M N, BARNES P, FENTIMAN C H, et al. A time-resolved synchrotron energy dispersive diffraction study of the dynamic aspects of the synthesis of ettringite during mine packing[J]. Cement and concrete research, 1993, 23(2): 267-272.

[82] HAN J, WANG K, SHI J, et al. Influence of sodium aluminate on cement hydration and concrete properties[J]. Construction and building materials, 2014, 64: 342-349.

[83] 刘晨,龙世宗,邬燕蓉,等. 混凝土速凝剂促凝机理新探[J]. 建筑材料学报,2000,3(2):175-181.

[84] PAGLIA C, WOMBACHER F, BÖHNI H. The influence of alkali-free and alkaline shotcrete accelerators within cement systems: I. Characterization of the setting behavior[J]. Cement and concrete research, 2001, 31(6): 913-918.

[85] BRAVO A, CERULLI T, MALTESE C, et al. Effects of increasing dosages of an alkali-free accelerator on the physical and chemical properties of a hydrating cement paste[C]//Seventh CANMET/ACI International Confernce on Superplasticizers and Other Chemical Admixtmres in Concrete. Detroit: American Concrete Institute, 2003, 217:211-226.

[86] MALTESE C, PISTOLESI C, BRAVO A, et al. A case history: Effect of moisture on the setting behaviour of a Portland cement reacting with an alkali-free accelerator [J]. Cement and Concrete Research, 2007, 37 (6): 856-865.

[87] 杨仁树,肖同社,刘波. RSD速凝剂增强作用机理分析[J]. 中国矿业大学学报,2006,35(2):153-156.

[88] TAN H, LI M, REN J, et al. Effect of aluminum sulfate on the hydration of tricalcium silicate [J]. Construction and building materials, 2019, 205: 414-424.

[89] 申爱琴. 水泥与水泥混凝土[M]. 北京:人民交通出版社,2000.

[90] 蒋雅君,杜坤,陈兴,等. 隧道排水系统检查及评估技术初探[J]. 隧道与轨道交通,2019(S1):5-9.

[91] 中华人民共和国交通运输部. 公路隧道养护技术规范:JTG H12—2015[S]. 北京:人民交通出版社股份有限公司. 2015.

[92] 李乃强,蒋雅君,刘世圭,等. 基于高压清洗技术的运营公路隧道中央排水管清洗技术研究[J]. 隧道建设(中英文):2021,41(S2):647-654.

[93] 中华人民共和国住房和城乡建设部. 城镇排水管道检测与评估技术规程:CJJ 181—2012[S]. 北京:中国建筑工业出版社,2012.

[94] 中华人民共和国住房和城乡建设部. 城镇排水管道维护安全技术规程:CJJ 6—2009[S]. 北京:中国建筑工业出版社,2010.

[95] 杨滕飞,曹红波,王洋. 高压水射流清洗海水管路技术[J]. 船海工程,2018,47(6):111-114.

[96] 蒋雅君,杜坤,魏晨茜,等. 铁路隧道排水盲管结晶沉积疏通清洗技术[J]. 隧道与轨道交通,2020(4):9-13.

[97] 邢晓凯. 碳酸钙于换热面上结垢与电磁抗垢的机理及实验研究[D]. 北京:北京工业大学,2005.

[98] KEM D Q, SEATON R E. Surface fouling : how to calculate limits [J]. Chemical engineering progress, 1959, 55(6):71-73.

[99] MARTO P J, NUNN R H. Power condenser heat transfer technology [M]. Washington: Hemisphere Publishing Corporation, 1981.

[100] TABOREK J, AOKI T, RITTER R B. Fouling: the major unresolved problem in heat transfer[J]. Chemical engineering progress, 1972, 68(2): 59-67.

[101] CHO Y I, FAN C F, CHOI B G. Theory of electronic anti-fouling technology to control precipitation fouling in heat exchangers [J]. International communications in heat and mass transfer, 1997, 24(6): 757-770.

[102] CHO Y I, CHOI B G. Electronic anti-fouling technology to mitigate precipitation fouling in plate-and-frame heat exchangers[J]. International journal of heat and mass transfer, 1998, 41(17): 2565-2571.

[103] 姜德宁,Sintayehu Zewdu,傅汝廉.电磁除垢参数的实验研究[J].天津科技大学学报,2008,23(3):64-67,76.

[104] 姜秉辰.超声波原油管道除垢防垢技术研究[D].哈尔滨:哈尔滨工业大学,2016.

[105] 刘振,王丽玲.动态实验研究超声波对碳酸钙结垢影响规律[J].当代化工,2014,43(6):935-938.

[106] 陆希希,郭越,林雪松,等.超声波除碳酸钙垢的实验研究[J].当代化工,2017,46(7):1318-1321.

[107] 田昱卿,夏元复,徐延飚.静电水的特性和防垢原理[J].化学世界,1981,22(9):257-259.

[108] 徐延飚,陆柱.静电水垢控制器的实验室试验[J].工业水处理,1982(2):21-23.

[109] 刘德滨,刘庆国,刘梅,等.静电场对水作用的实验研究[J].工业水处理,1995,15(6):15-16.

[110] 涂乙.油田除垢清洗技术研究进展与对比分析[J].油气田环境保护,2011,21(3):53-55.

[111] 瓮子文,谢国松,李勇.油田结垢和化学除垢剂的应用[J].化学工程师,2020,34(3):61-65.

[112] 马殿军.铁路隧道用盲管堵塞清除技术及应用[J].中国铁路,2020(3):107-114.

[113] RABIE A I. Reaction of calcite and dolomite with in-situ gelled acids, organic acids, and environmentally friendly chelating agent (GLDA)[D]. State of Texas:Texa A & M University,2012.

[114] TARIQ A, JUN HONG NG, Nasr-El-Din H. Chelating agents in productivity enhancement: a review[C]//SPE Oklahoma City Oil and Gas Symposium. One Petro, 2017:SPE-185097-MS,1-25.

[115] GERI B S B, MAHMOUD M A, ABDULRAHEEM A, et al. Single stage

filter cake removal of barite weighted water based drilling fluid[J]. Journal of petroleum science and engineering, 2017, 149: 476-484.

[116] WANG Q, AJWAD H, SHAFAI T, et al. Iron sulfide scale dissolvers: how effective are they? [C]//SPE Saudi Arabia Section Technical Symposium and Exhibition. DnePetro,2013,SPE 168063:1-22.

[117] 杨建华,宋红峰,杨苏南. 濮城油田化学法防垢、除垢技术[J]. 清洗世界,2017,33(1):13-18,36.

[118] 李正士. 化学侵蚀条件下隧道衬砌混凝土和排水病害的防治措施[J]. 铁道建筑技术,2012(7):90-93.

[119] 刘士洋,张学富,吕获印,等. 不同充水状态下隧道植绒排水管防除结晶的效果[J]. 科学技术与工程,2018,18(28):156-163.

[120] 马伟斌,马新民,刘赪,等. 一种隧道防结晶排水系统:201820727908.6[P]. 2018-05-16.

[121] 黄华,巩江峰,刘志刚,等. 一种有效防止排水盲管堵塞的隧道衬砌防排水系统:201820769735.4[P]. 2018-05-22.

[122] 张学富,张斌,张学伦,等. 一种隧道排水系统及其结晶堵塞的处理方法:201410399577.4[P]. 2014-08-15.